LE SECTEUR EXTRACTIF SÉNÉGALAIS

Mines, pétrole et gaz

Patrice Samuel Aristide BADJI

LE SECTEUR EXTRACTIF SÉNÉGALAIS

Mines, pétrole et gaz

Préface du Dr Ousmane CISSÉ

L'Harmattan Sénégal

10 VDN, Sicap Amitié 3, Lotissement Cité Police, DAKAR

senharmattan@gmail.com
senlibrairie@gmail.com

ISBN : 978-2-336-54312-3
EAN : 9782336543123

DÉDICACE

A mon défunt père, *in Memoriam*

Aux miens

À ma tendre dulcinée Véronique, soutien de toujours

LISTE DES PRINCIPAUX SIGLES ET ABRÉVIATIONS

AMF :	Autorité des marchés financiers
AUDCG :	Acte uniforme portant sur droit commercial général
AUPSRVE :	Acte uniforme portant organisation des procédures simplifiées de recouvrement et voies d'exécution
AUSCGIE :	Acte uniforme relatif au droit des sociétés commerciales et du GIE
BDE :	Bulletin de droit économique
BJS :	Bulletin Joly des sociétés
BP :	British Petroleum
CADHP :	Charte africaine des droits de l'homme et des peuples
CEDEAO :	Communauté économique des Etats de l'Afrique de l'Ouest
CCI :	Cour d'Arbitrage de la CCI
CCJA :	Cour Commune de Justice et d'Arbitrage
CIRDI :	Centre international pour le règlement des différends relatifs aux investissements
CNITIE :	Comité National de l'Initiative pour la Transparence dans les Industries Extractives
CNSCL :	Comité National de Suivi du Contenu Local
COS/PETROGAZ :	Comité d'orientation stratégique du pétrole et du gaz
CREPMF :	Conseil régional de l'épargne publique et des marchés financiers
CRPP :	Contrat de recherche et de partage de production

DGID :	Direction générale des impôts et des domaines
FADCL :	Fonds d'appui au développement du contenu local
FIG :	Fonds intergénérationnel
FONSIS :	Fonds souverains d'investissements stratégiques
GTA :	Grand Tortue Ahmeyim
IGE :	Inspection générale d'Etat
INPG :	Institut National de Pétrole et du Gaz
ITIE :	Initiative pour la Transparence dans les Industries Extractives
JDI :	Journal du droit international
LGDJ :	Librairie générale de droit et de jurisprudence
OCDE :	Organisation de coopération et de développement économiques
OHADA :	Organisation pour l'harmonisation en Afrique du droit des affaires
OSIWA :	Open society initiative for west africa
PETROSEN :	Société des Pétroles du Sénégal
PUPPA :	Presses de l'Université de Pau et des pays de l'Adour
RDC :	République démocratique du Congo
RDC :	Revue des contrats
RIDE :	Revue internationale de droit économique
RJPIC :	Revue juridique et politique indépendance et coopération
RLDA :	Revue Lamy droit des affaires
RSDA :	Revue sénégalaise de droit des affaires
RSE :	Responsabilité sociale des entreprises
TBI :	Traité bilatéral d'investissement
TIC :	Technologies de l'information et de la communication
TMI :	Traité multilatéral d'investissement

UEMOA :	Union Économique et Monétaire Ouest-africaine
UMOA :	Union Monétaire Ouest-africaine
V :	Voir

PRÉFACE

Le secteur extractif sénégalais, englobant les mines, le pétrole et le gaz, joue un rôle crucial dans le développement économique du pays. Ce livre vise à offrir une analyse approfondie de ce secteur, en mettant en lumière les aspects politiques, juridiques, économiques et environnementaux qui le régissent.

L'importance de ce secteur ne peut être sous-estimée. Les ressources naturelles du Sénégal représentent une opportunité significative pour le développement durable et la croissance économique. Cependant, cette opportunité s'accompagne de défis complexes, notamment en matière de gouvernance, de transparence, et de gestion des ressources.

L'auteur souligne plusieurs défis du secteur extractif, notamment l'industrialisation, l'emploi, et l'achat de produits finis à l'étranger. La renégociation des contrats extractifs est abordée, en soulignant la nécessité d'un équilibre entre les intérêts de l'État et ceux des investisseurs. La bonne gouvernance des ressources naturelles est mise en avant, avec des exemples de lois et de pratiques visant à assurer la transparence et l'équité.

Cet ouvrage explore différents types de contrats extractifs, leur contenu, et la pertinence de certaines clauses, en particulier celles de stabilisation et de différends. La compréhension des règles et des enjeux du secteur extractif est approfondie à travers des réflexions et des communications scientifiques. L'auteur explore ces défis et propose des solutions pour les surmonter.

L'auteur examine également les différents types de contrats extractifs, leur contenu, et la pertinence de certaines clauses, en particulier celles de stabilisation et de différends. En outre, il met en avant l'importance de la bonne gouvernance des ressources naturelles, avec des exemples de lois et de pratiques visant à assurer la transparence et l'équité.

Cet ouvrage examine le contexte politique et juridique du secteur extractif, notamment la réglementation au sein de la CEDEAO et les nouvelles législations comme le Code minier communautaire de l'UEMOA. Il est discuté si les objectifs des règles régissant le secteur extractif ont été atteints, et l'importance des lois, décrets et autres textes pour promouvoir le développement des activités extractives.

L'ambition du présent ouvrage est de proposer une voie nouvelle pour la compréhension de l'importance de la législation et de la gouvernance dans le secteur extractif sénégalais

Nous espérons que cet ouvrage contribuera à une meilleure compréhension des enjeux du secteur extractif sénégalais et servira de guide pour les décideurs, les investisseurs, et toutes les parties prenantes impliquées dans ce domaine.

Dr Ousmane CISSÉ

Directeur des Mines et de la Géologie du Sénégal (2011-2019)

Premier Directeur Général de la Société des Mines du Sénégal – SOMISEN S.A (2020-2024)

INTRODUCTION

1.C'est un truisme de dire que le sous-sol africain regorge de nombreuses richesses et les écrits sur le secteur extractif font *florès* ; qui pour en assurer la vulgarisation[1], parler du contentieux extractif[2], qui pour dénoncer la gestion des ressources naturelles[3]. Ce succès engrangé par les réflexions précitées pourrait faire perdre à la présente étude tout intérêt. Mais quelle que soit la justesse du propos ou jugement de valeur, faisons remarquer qu'outre la manifestation d'une liberté académique[4], notre ouvrage, loin d'être un de plus, apporte une plus-value non négligeable en ce sens qu'il s'inscrit dans une approche critique, le contexte politique, juridique et économique nouveau aidant.

Relativement au premier contexte cité, relevons que jamais dans le domaine de l'intégration politique, les États membres de la CEDEAO n'ont été autant divisés, certains allant jusqu'à défier ladite institution et créer le 16 septembre 2023, l'Alliance des États du Sahel (AES). Or, en même temps que les États que l'on pourrait qualifier de « dissidents » à savoir le Mali, le Burkina Faso et le Niger, la plupart des États membres de la CEDEAO, et partant le Sénégal, pays dont la législation notamment minière et pétrolière[5] retiendra le plus notre

---

1 V. BADJI Patrice Samuel Aristide, *Droit sénégalais des hydrocarbures (Pétrole et Gaz)*, L'harmattan Sénégal, 2022, 154 pages ; TOURE Pape Mamadou, *Comprendre l'univers économique et juridique des activités pétrolières au Sénégal, Une fenêtre ouverte sur le monde*, L'harmattan Sénégal, 2024, 243 pages, NZALABATU Thimothée Tseki, *Le droit minier congolais*, Edilivre, 2020, 446 pages, CISSE Ousmane, *Le droit des mines du Sénégal,* L'harmattan Sénégal, 2020, 450 pages.

2 DEG-TIGUEY Fabrice Modompte, *Le contentieux des contrats miniers et pétrolières en République centrafricaine*, L'Harmattan, 2020, 118 pages ; NDIAYE René Ndéné, *La responsabilité pénale de l'exploitant des ressources naturelles en droit sénégalais*, Thèse en cotutelle Université Cheikh Anta Diop et Université Savoie Mont Blanc, 2024, 573 pages.

3 SONKO Ousmane, *Pétrole et gaz au Sénégal, chronique d'une spoliation*, Fauves Editions, 2017, 253 pages

4 (Dir) DIOUF Mamadou, MAMDANI Mahmood, *Liberté académique en Afrique*, CODESRIA, 1994, 400 pages.

5 Nous avons plus d'aptitude à disserter sur le secteur minier et pétrolier que celui gazier (allusion est faite ici au secteur intermédiaire et aval).

attention, sont également membres de l'UEMOA. Fort de ce constat, une question nous taraude l'esprit : comment gérer les gisements transfrontaliers[6] visés aux articles 44 à 48 du Règlement n°02/2023/CM/UEMOA du 16 juin 2023 portant Code minier communautaire ? On se souvient, dans le secteur des hydrocarbures, des tensions entre le Bénin et le Niger, à propos de l'exportation *via* pipeline du pétrolier nigérien qui semble-t-il, ont été réglées ou du très ancien conflit opposant la Guinée Bissau au Sénégal suite à une contestation d'une frontière maritime par le premier pays cité. La Directive C/DIR 3/05/09 du 27 mai 2009 de la CEDEAO portant sur l'harmonisation des principes directeurs et des politiques dans le secteur minier faisant partie de la législation minière en vigueur dans les États membres, et c'est la seconde question, trouvera-t-elle à s'appliquer dans le territoire des pays composant l'AES ? Dans la même veine, on peut citer le déplacement fait, en son temps, au Mali par l'actuel Premier Ministre sénégalais, Monsieur Ousmane Sonko, pour discuter avec les autorités maliennes de la nécessité de suspendre les activités minières de la Falémé. Ces discussions ont justifié au Sénégal, l'adoption du Décret n°2024-1502 du 31 juillet 2024 portant suspension des activités minières dans la zone du fleuve de la Falémé. En effet, pour nécessité de préservation de l'Environnement, de protection de la santé des populations et de sécurisation de la zone frontalière, toute opération minière ou délivrance de titre minier autour de la rive gauche du fleuve de la Falémé sur un rayon de cinq cents (500) mètres est suspendue jusqu'au 30 juin 2027. L'évocation des démarches de l'actuel Premier Ministre constitue une transition toute trouvée pour aborder le second aspect du critère politique à savoir l'accession, par son Excellence Monsieur Bassirou Diomaye Diakhar FAYE à la magistrature suprême ; laquelle a fait dire à certains auteurs que le Sénégal se trouve à la croisée des chemins[7]. Dans tous les cas, dans son Discours à la Nation prononcé le 3 avril 2024, des aspects concernant le secteur extractif ont été évoqués. Il s'agit de la thématique des lanceurs d'alerte,

---

6 Aux termes de l'article 1er du Règlement n°02/2023/CM/UEMOA du 16 juin 2023 portant Code minier communautaire, le gisement transfrontalier est situé à cheval sur deux ou plusieurs pays.

7 DIOUF Mamadou, « Sénégal : un nouveau contrat social ? », Esprit, Juillet-août 2024, pp.19-23

enjeu ayant partie liée avec le registre des bénéficiaires effectifs et la déclaration de patrimoine[8].

2.Le contexte juridique nouveau demeure l'adoption par le Conseil des Ministres de l'UEMOA, du Règlement n°02/2023/CM/UEMOA du 16 juin 2023 portant Code minier communautaire. Ce texte peut être qualifié de révolutionnaire dans la mesure où en son article 1er, les contours de l'audit environnemental[9], des communautés locales, minières[10], de développement local, d'étude d'impact environnemental et social, d'évaluation environnementale et sociale, de gisement transfrontalier, de plan de développement local, de plan de réhabilitation, de RSE ont été précisés. Il en est de même du contenu des principes de l'Équateur[11], du processus de Kimberley[12] et de celui des zones d'intérêt commun. Les chapitres 2 et 3 du Titre I du Règlement n°02/2023/CM/UEMOA du 16 juin 2023 portant Code minier intitulé « *Des dispositions générales* » sont tout aussi révolutionnaires sans compter l'article 86 dudit Règlement par le biais duquel interdiction est faite à la convention minière de déroger au Code

---

[8] V. Loi n°2024-07 du 09 février 2024 modifiant la loi n°2014-17 du 02 avril 2014 relative à la déclaration de patrimoine. BADJI Patrice Samuel Aristide, « La loi relative à la déclaration de patrimoine : Radiographie d'un texte qui a fait couler beaucoup de salive et peu d'encre », https://ceracle.com/la-loi-relative-a-la-declaration-de-patrimoine-radiographie-dun-texte-qui-a-fait-couler-beaucoup-de-salive-et-peu-dencre-par-patrice-samuel-aristide-badji/, consulté le 16/01/2025 à 15h 44 mn

[9] La loi sénégalaise n°2016-32 du 8 novembre 2016 ne parle certes pas d'audit environnemental, mais n'ignore pas l'audit car les données déclarées par les titulaires de titre minier conformément aux principes ITIE (article 95), les comptes, installations, infrastructures, systèmes et procédés de tout titulaire minier peuvent faire l'objet d'un audit (article 111).

[10] Une différence est opérée dans le Règlement n°02/2023/CM/UEMOA du 16 juin 2023 portant Code minier communautaire entre la communauté minière (ensemble des personnes physiques ou morales publiques ou privées qui participent directement ou indirectement à une activité minière dans une communauté donnée) et celle locale (populations impactées directement ou indirectement par l'activité minière). Dans la loi n°2016-32 du 8 novembre 2016 précitée, on parle de « communauté hôte » dans l'exposé des motifs ou de « populations » tout court (article 115 à propos du Fonds d'appui au développement local et 123 à propos d'hygiène des populations), et de « populations riveraines » (article 101).

[11] Référentiel de principes du secteur financier pour s'assurer que les projets à financer sont réalisés de manière socialement responsable et respectueuse de l'environnement.

[12] Suivre les conditions de contrôle de la production et du commerce des diamants bruts régies par le Système de Certification du Processus de Kimberley (SCPK).

minier, auquel elle s'ajoute. Le contexte économique nouveau tient au fait que le Sénégal est désormais entré dans le cercle fermé des pays producteurs de pétrole et de gaz.

3.La question que l'on pourrait se poser est celle de savoir si les objectifs visés à travers la mise en place de règles régissant le secteur extractif ont été atteints au point de ne nécessiter aucun ajustement. Il faut prendre garde à trop de précipitation, car rappeler interminablement les principes sur lesquels les futures relations économiques internationales devront s'appuyer ne suffit pas pour leur donner vie, pour reprendre les propos de Dominique ROSENBERG[13]. Le substantif objectif est défini par le Petit Larousse comme « *le but, la cible que quelque chose, quelqu'un doit atteindre* ». Pour avoir une idée des objectifs à atteindre dans le secteur extractif notamment par l'État, les médias, la société et les pouvoirs privés économiques[14] ou non, il faudrait se référer à l'exposé des motifs des différentes lois, au rapport de présentation des décrets d'application de la législation extractive et au contenu desdits textes ou autres. Par autres, nous entendons les règles, les arrêtés[15], textes de la DGID[16], le droit souple symbolisé par les codes, chartes de bonne conduite, les directives, les codes des investissements[17], les traités bilatéraux, multilatéraux d'investissement, la Vision du régime minier pour l'Afrique (VMA) de l'Union Africaine[18]. Le cadre juridique dans lequel se développent les activités

---

13 ROSENBERG Dominique, « Les codes des investissements : un exemple de souveraineté dans un ordre économique inégalitaire », RJPIC, n°3, 1978, p.914.

14 V. CADIET Loïc, NORMAND Jacques, AMRANI-MEKKI Soraya, *Théorie générale du procès*, PUF, 2e édition, 2013, n°34-36. Selon ROSENBERG Dominique, ce sont les investisseurs ; ROSENBERG Dominique, *op.cit.*, p.916. *Adde* FARJAT Gérard, « Les pouvoirs privés économiques », Mélanges Philippe Kahn, LITEC, 2000, p.613 sq.

15 Arrêté n°001598 du 5 février 2021 relatif au formulaire de déclaration des bénéficiaires effectifs, Arrêté n°024577 du 02 septembre 2022 précisant les modalités d'identification, de déclaration, de conservation et de contrôle des informations sur les bénéficiaires effectifs.

16 Note n°72 du 22 février 2022 organisant l'établissement et le fonctionnement du registre central des bénéficiaires effectifs.

17 Sur les critiques adressées au Code des investissements parce qu'ayant des objectifs contradictoires, V. ROSENBERG Dominique, *op.cit.,* p.916. Au Sénégal, parmi les secteurs d'activités éligibles à l'investissement figurent celles relatives à l'extraction ou à la transformation de substances minérales (article 2 du Code des investissements).

18 C'est, au sens de l'article 4 du règlement n°02/2023/CM/UEMOA du 16 juin 2023 portant Code minier communautaire, une initiative de bonne gouvernance dans le

minières ne se limite pas aux lois et règlements sur les mines[19]. (...) Elles se placent dans le cadre plus général des législations sur les investissements, des législations financières et des législations fiscales. Celles-ci sont au moins aussi importantes que la loi minière elle-même pour promouvoir le développement des activités extractives. En fait, elles forment, avec la loi minière, un ensemble indissociable[20]. Ce faisant, nous pouvons constater la diversité des objectifs recherchés, potentiellement à ranger dans la catégorie des valeurs ou intérêts, que sont l'attractivité, la transparence[21], la liberté des parties, le développement du contenu local[22], le développement durable[23], la protection des droits de l'homme[24]. Sur ce dernier aspect, un examen des articles 94 de la loi n°2016-32 du 8 novembre 2016 portant Code minier, des articles 2, 5 et 19 du Règlement n°02/2023/CM/UEMOA du 16 juin 2023 portant Code minier communautaire nous édifiera sur

---

secteur minier, à côté des Principes de l'Equateur, du Processus de Kimberley et de l'ITIE.

19 LEGOUX Pierre, « Législation minière des pays francophones », R.J.P.I.C., 1978, n°2, p.693.

20 LEGOUX Pierre, *op.cit.*, p.694.

21 Dans le secteur extractif, la transparence a plusieurs composantes : l'adhésion aux principes de l'ITIE, la publication des contrats extractifs (V. Les articles 17, 34 de la loi n°98-05 du 08 janvier 1998 portant Code pétrolier qui exigent respectivement la publication de la convention attachée au permis de recherche et du contrat de services. Dans l'exposé des motifs de la loi n°2019-03 du 1er février 2019 portant Code pétrolier, on parle de prise en compte des exigences de transparence en ce qui concerne la gestion des ressources extractives conformément aux normes ITIE. D'ailleurs, l'article 55 dudit Code est intitulé « Des obligations de transparence ». Ainsi, la transparence doit être de mise relativement aux « paiements effectués par les titulaires de titres miniers d'hydrocarbures » à l'Etat), la déclaration au registre des bénéficiaires effectifs.

22 Déjà dans la loi n°98-05 du 8 janvier 1998 portant Code pétrolier, le législateur avait à cœur de promouvoir les entreprises et le personnel sénégalais. C'est pourquoi, tous les contrats de construction, d'approvisionnement ou de prestation de services étaient laissés aux entreprises sénégalaises (article 53, a). En outre, la même disposition prévoit la priorité d'embauche du personnel sénégalais (article 53, b). Cette prise en compte du contenu local est également observable dans le Code minier de 2016. Elle a été rappelée dans l'exposé des motifs de la loi n°2022-17 du 23 mai 2022 relative au contenu local dans le secteur minier abrogeant les articles 85 et 109 de la loi n°2016-32 du 8 novembre 2016 portant Code minier y relatifs.

23 Article 3 du Règlement n°02/2023/CM/UEMOA du 16 juin 2023 portant Code minier communautaire.

24 FALL Aboubacar, « Protection de l'investissement étranger et protection des droits humains », Juriste international, n°2, 2024, pp.66-69.

la réalité de l'intégration de cette donne. Les droits humains sont également à protéger dans le secteur des hydrocarbures.

En somme, le secteur extractif est un creuset d'intérêts catégoriels entre lesquels un équilibre doit être trouvé. De même, l'appréhension dudit secteur exige de s'inscrire, entre autres, dans une démarche pluridisciplinaire et de connaître des matières telles que le droit des biens[25], le droit des sociétés commerciales, le droit douanier, fiscal[26], le droit des sûretés[27], la technique contractuelle[28], le droit comparé[29] et le *benchmarking*[30].

4.L'étude permettra en outre d'intégrer l'idée selon laquelle le secteur extractif comporte plusieurs défis qu'il faudra relever (industrialisation, emploi, achat de produits finis à l'étranger, revenus provenant de l'exploitation) et est d'une importance capitale aussi bien

---

25 Aux termes de l'article 1er de la loi n°2016-32 du 8 novembre 2016 portant Code minier, les actions et les intérêts dans une société ou une entreprise, sont considérés meubles. L'article 37 du Règlement n°02/2023/CM/UEMOA du 16 juin 2023 dispose que le permis d'exploitation industrielle est un droit réel immobilier cessible, amodiable, transmissible et indivisible, susceptible d'hypothèque. Au Sénégal, les droits réels immobiliers sont listés à l'article 19 de la loi n°2011-07 du 30 mars 2011 portant régime de la propriété foncière.

26 V.Par exemple, l'article 150 du Règlement n°02/2023/CM/UEMOA du 16 juin 2023 portant Code minier communautaire qui assujettit les titulaires de permis miniers ou bénéficiaires d'autorisations au paiement des droits, taxes et redevances prévues par la réglementation minière.

27 Aux termes de l'article 120 de l'Acte uniforme portant organisation des sûretés, sans préjudice des dispositions de la présente sous-section, les matières premières, les produits d'une exploitation agricole ou industrielle, les marchandises peuvent faire l'objet d'un gage en application des dispositions des articles 92 à 117 du présent Acte uniforme.

28 DROSS William, *Clausier, Dictionnaire des clauses ordinaires et extraordinaires des contrats de droit privé interne*, LexisNexis, 4e édition, 2020, 939 pages ; MOUSSERON Pierre, RAYNAUD Jacques, SEUBE Jean-Baptiste, *Technique contractuelle*, Francis Lefebvre, 2017, 454 pages ; BUY Frédéric, *Droit des contrats d'affaires*, L.G.D.J, 2023, 644 pages.

29 Le droit comparé a été considéré non comme une branche du droit positif, mais plutôt comme une branche de la science juridique c'est-à-dire l'application de la méthode comparative à tout ou partie de systèmes juridiques dans le but essentiel d'en améliorer la connaissance. La fonction essentielle du droit comparé est de parfaire la connaissance du droit. Quant aux fonctions contingentes, elles consistent en l'amélioration, l'harmonisation et l'unification du droit. V. LAITHIER Yves-Marie, *Droit comparé*, Dalloz, 2009 surtout aux pages 1, 2 et 17.

30 HAGUENAU-MOIZARD Catherine, *Introduction au droit comparé en 10 thèmes*, Dalloz, 2018, p.21.

dans sa partie amont (à qui confier le secteur du génie civil, du bâtiment et de la sidérurgie ? Aux entreprises locales ou étrangères ?) qu'aval (produits intermédiaires à savoir l'ammoniaque, le phosphate[31], l'éthylène et les produits finaux tels que les plastiques, l'engrais, l'essence, les fibres synthétiques)[32]. Certains défis sus énoncés sont rappelés dans la loi n°2019-04 du 1er février 2019 relative au contenu local dans le secteur des hydrocarbures et la loi n°2022-17 du 23 mai 2022 relative au contenu local dans le secteur minier.

Quelle est la position de l'État face au contrat extractif ?[33] S'inscrit-elle dans une logique d'évolution des relations entre les exploitants miniers et les États vers une contractualisation ?[34]. Faut-il faire échec ou conforter cette thèse ? Il faut le rappeler, l'attitude des gouvernants actuels est moins une remise en cause de l'adage *pacta sunt servanda*, matérialisé en droit commun par la force obligatoire du contrat et partant une non application de la maxime *rec sic stantibus*[35] qu'un audit des contrats passés depuis le régime Wade[36] jusqu'à celui de Macky

---

[31] Sur le phosphate, V. Le propos du Président EYADEMA reproduit par Jean E. PETER dont la teneur est la suivante : « Maintenant que nous avons décidé de commercialiser pour nous-mêmes nos phosphates sur le marché international, je suis heureux de vous annoncer que nous aurons par an des bénéfices de l'ordre de 18 milliards F CFA ». PETER Jean E, « Les mines, l'énergie et l'infrastructure des transports en Afrique noire francophone », RJPIC, n°3, 1974,p.398.

[32] V. VLACHOS Georges, « Le régime juridique des hydrocarbures en Algérie », R.J.P.I.C, 1974, n°1, pp.103-128.

[33] ROUAHANI Fuad, « Renégociation des contrats entre Etats et investisseurs privés », R.J.P.I.C, n°1, 1975, pp.93-94. Pour cet auteur, la position des parties face à un contrat extractif peut consister en ceci : se défaire facilement du contrat avec cynisme, renégocier de bonne foi le contrat suite à un changement de circonstances.

[34] LEGOUX Pierre, « L'évolution des idées dans les législations minières des pays neufs », R.J.P.I.C, 1975, n°1, p.75. Selon cet auteur, les relations entre les exploitants miniers et les Etats (ce faisant, les titres de recherches et d'exploitation avaient soit le caractère de droits réels, soit celui de droits personnels), qui étaient, dans un passé récent, régies par un ordre législatif fixé par les Etats, tendent à revêtir une forme contractuelle. L'un des intérêts de cet article est qu'il traite de la souveraineté des Etats sur leurs ressources naturelles.

[35] Seuls les changements de nature fondamentale ou substantielle méritent révision. ROUHANI Fuad, « Renégociation des contrats entre Etats et investisseurs privés », R.J.P.I.C, 1975, n°1, p.95. L'auteur a listé des exemples de modification de contrats pétroliers exécutés dans le Golfe Persique.

[36] Le CRPP liant les contractants Woodside , PETROSEN à l'Etat du Sénégal a été conclu en 2004 par SENEGAL HUNT OIL avant d'être cédé à la première entreprise précitée.

Sall[37]. Il s'agit là d'une attitude compréhensible, car la poursuite sereine d'une relation contractuelle nécessite par moment que les nouveaux venus examinent de façon scrupuleuse et objective les contrats conclus avant leur entrée en fonction, qui n'a guère forcément pour soubassement un esprit de remise en cause systématique[38] de ce qui a été fait jusqu'ici. D'ailleurs, ce n'est pas la première fois qu'en matière de richesses, le Sénégal essaie de prendre le contrôle[39]. Cependant, concernant la délicate problématique de la renégociation[40], il est loin d'être pionnier car pareille situation juridique a existé en Algérie[41] et dans certains États d'Afrique noire francophone notamment la RDC, le Mali, le Burkina, la Guinée Conakry[42].

Dans tous les cas, en matière de renégociation des contrats qui de l'avis d'un auteur ne tourne pas forcément à l'avantage du pays-hôte, un équilibre doit être établi entre celui-ci et l'investisseur car les réserves n'ont d'existence économique que du fait des travaux qui en ont démontré la présence physique et l'exploitabilité[43]. Il reste maintenant à apprécier la teneur de ce propos à la lumière du lancement du premier satellite sénégalais dont l'un des objectifs est de collecter des données sur l'environnement et de préserver les ressources naturelles, de veiller au non-épuisement desdites réserves, question d'autant plus vitale qu'elle touche une ressource-rente non renouvelable[44] et qui met en jeu la problématique de la protection

---

[37] Scandale supposé suite au contrat conclu par Franck Timis.

[38] L'utilisation de cette expression n'est pas anodine au regard du contenu de la déclaration du Premier Ministre lors de l'installation du Comité de négociation des contrats pétroliers. Selon lui, la mise en place de ce comité n'est nullement motivée par une volonté de l'Etat du Sénégal de procéder à une naturalisation des entreprises étrangères.

[39] BIARNES Pierre, « Le Sénégal prend progressivement le contrôle de ses richesses », Le Monde, 25 mars 1975.

[40] Cette situation a peut-être justifié l'édiction en 2019 par l'OCDE de principes directeurs pour des contrats extractifs durables.

[41] GHERARI Habib, « Note sur la nouvelle loi algérienne sur les hydrocarbures », RJPIC, 1987, p 350. L'auteur renseigne sur le fait que 1986 était l'année au cours de laquelle devait être renégociée toute une série de permis d'exploration accordés en 1980 et dont les titulaires ont été particulièrement peu actifs.

[42] V. LAURIOL Thierry, RAYNAUD Emilie, « La rupture unilatérale des contrats d'exploitation », *in Le contrat extractif*, sous la direction d'Achille Ngwanza, Gilles Lhuillier, ICC, 2015, p.140.

[43] LEGOUX Pierre, *op.cit.*, p.88.

[44] GHERARI Habib, « Note sur la nouvelle loi algérienne sur les hydrocarbures », R.J.P.I.C, 1987, n°4, p.350.

pénale des ressources[45] ou celle de la transition énergétique[46] à savoir le passage d'une économie fortement consommatrice d'énergies fossiles à une économie décarbonée[47].

5.L'étude met en exergue deux problématiques : une afférente à la *légistique* vu que la compréhension de certains textes est loin d'être une évidence, une autre d'identification du texte applicable. En effet, à l'article 9 de la loi n°2019-03 du 1er février 2019 portant Code pétrolier, consacre-t-on la part de PETROSEN prise comme entité autonome de l'État ou celle de celui-ci en tant que mandant[48]? Poser pareille question n'est pas dénué de pertinence vu que les articles 4, 10 de la loi n°2012-34 du 31 décembre 2012 autorisant la création d'un Fonds souverain d'investissements stratégiques (FONSIS) adoptent le concept d'État-actionnaire et parlent de participation de l'État. De même, les articles 31 et 35, respectivement de la loi n°2016-32 du 8 novembre 2016 portant Code minier et du Règlement n°02/2023/CM/UEMOA du 16 juin 2023 portant Code minier communautaire sont plus clairs.

Toujours dans l'optique de démontrer le manque de lisibilité du législateur sénégalais, on peut se demander quelle articulation il pourrait y avoir entre l'article 8.3 de la loi n°2019-04 du 1er février 2019 relative au contenu local dans le secteur des hydrocarbures et l'article 3 du décret n°2020-2065 du 28 octobre 2020 fixant les modalités de participation des investisseurs sénégalais dans les entreprises intervenant dans les activités pétrolières et gazières et classement des activités de l'amont pétrolier et gazier dans les régimes exclusif, mixte et non exclusif. Pour dire tout simplement que l'alinéa 1er de l'article 8.3 de la loi n°2019-04 du 1er février 2019 relative au contenu local dans le secteur des hydrocarbures devrait être réécrit pour disposer qu'en réalité, les investisseurs visés sont ceux étrangers ; comme cela, aucune précision ne serait nécessaire à l'article 3 du décret n°2020-2065 du 28 octobre 2020 précité et par ricochet, à l'article 6 du décret n°2023-976

---

45 COSTA-LASCOUX Jacqueline, « La protection des substances minières et le droit pénal en Afrique noire d'expression française », RJPIC, n°4, 1975, pp.389-421.

46 V. Pour le Sénégal, le Décret n° 2022-1801 du 26 septembre 2022 relatif aux attributions du Ministre de l'Environnement, du Développement durable et de la Transition écologique.

47 CAMPAGNOLA François, *Précis de droit de l'énergie*, L'harmattan, 2023, p.64.

48 V.SEMBONGO Raïssa DJABILO, « L'apport des investissements miniers au développement des pays d'Afrique francophone : le cas du Cameroun », Horizons du droit, n°53, pp.47-78.

du 4 mai 2023 fixant les modalités de la fourniture locale, des biens et services dans le secteur minier. En tout cas, on pourrait nous opposer le contenu des lignes directrices portant modalités de constitution d'associations entre une entreprise étrangère et une entreprise locale dans le régime mixte adoptées le 22 juin 2022 en vertu duquel : « *dans le processus de clarification des textes et de la mise en adéquation avec la pratique dans l'industrie pétrolière et gazière, le CNSCL compte mettre en place des lignes directrices pour préciser, compléter et renforcer les décrets d'application pour mieux superviser et veiller à la bonne mise en œuvre de la stratégie de développement du contenu local qui nécessite une transparence dans les lignes directrices d'acquisition des biens et services* ». Pourtant, lesdites lignes directrices devraient faire l'objet d'un toilettage car on y fait allusion tantôt au régime mixte, tantôt à celui exclusif[49]. Or, seul le premier régime devrait être visé. On aurait peut-être pu être précis comme le législateur malien qui, à l'article 8.6 de la loi n°2023-041 du 29 août 2023 relative au contenu local dans le secteur minier cite expressément le sous-traitant et le fournisseur étrangers, tenus de créer une société de droit malien.

Si l'article 22 de la loi n°2012-34 du 31 décembre 2012 autorisant la création d'un Fonds souverain d'investissements stratégiques (FONSIS) est clair en précisant que les dispositions de la loi n°90-07 du 26 juin 1990 relative à l'organisation et au contrôle des entreprises du secteur parapublic et au contrôle des personnes morales de droit privé bénéficiant du concours financier de la puissance publique abrogée, ne sont pas applicables au FONSIS, on peut se demander qu'en-est-il des autres sociétés d'État symbolisant le concept d'État-actionnaire à savoir la « Société des Mines du Sénégal » en abrégé « SOMISEN SA[50]» et PETROSEN ? La loi d'orientation n°2022-08 du 19 avril 2022 relative au secteur parapublic, au suivi du portefeuille de l'État et au contrôle des personnes morales de droit privé bénéficiant du concours financier de la puissance publique, dans la mesure où elle a pour domaine d'application les sociétés nationales, les sociétés anonymes à participation publique majoritaire, s'applique bel et bien. En parlant de texte applicable, on peut se demander si depuis l'adoption

---

49 V. Par exemple le **IV** des lignes directrices sous examen.

50 Aux termes de l'article 2 de la loi n°2020-31 du 6 novembre 2020 portant création d'une société nationale dénommée « Société des Mines du Sénégal » en abrégé (SOMISEN S.A), la Société nationale SOMISEN SA a pour mission (…) « *l'évaluation régulière de la valeur de la participation de l'Etat dans ces sociétés et la formulation de recommandations de l'Etat actionnaire sur ces sujets* ».

du texte communautaire portant Code minier, la loi n°2016-32 du 08 novembre 2016 portant Code minier doit continuer à être cité.

6-Enfin, il n'est guère inintéressant de se questionner sur la nature du contrat de services et du contrat de partage de production : est-ce une espèce de contrat de partage de production (CPP) et *vice-versa ?* L'examen des articles 12 de la loi n°2016-32 du 8 novembre 2016 portant Code minier, ainsi que des articles 2, 34 et 36 de la loi n°98-05 du 8 janvier portant Code pétrolier confine à répondre par l'affirmative.

7.En vue de contribuer à la compréhension des règles, des enjeux du secteur extractif sénégalais, nous avons procédé à un assemblage de nos différentes réflexions livrées lors de nombreuses manifestations scientifiques (colloques, séminaires, webinaires). Elles ont porté sur :

-Les contrats extractifs, l'investisseur partie gagnante ?

-De la pertinence de quelques clauses insérées dans les contrats de recherche et de partage de production

-Le rééquilibrage de la relation contractuelle État-investisseur dans la loi sénégalaise portant code pétrolier : objectif exclusif ?

-Quel contrat dans le secteur des hydrocarbures ?

-La gestion des risques des contrats d'investissement

-Bonne gouvernance et ressources naturelles (substances minérales et d'hydrocarbures) en Afrique : L'exemple du Sénégal

-L'État, le Peuple et les ressources naturelles

-Les clauses de stabilisation dans les contrats pétroliers et miniers

-La réception des principes de politique économique de la démocratie sociale dans le droit sénégalais des hydrocarbures

-Les principes directeurs de la loi n°2019-04 du 1er février 2019 relative au contenu local dans le secteur des hydrocarbures

-Commentaires de la loi sénégalaise n°2019-04 du 1er février 2019 relative au contenu local dans le secteur des hydrocarbures

-Le réalisme, principe directeur du secteur extractif

-Commentaires du jugement rendu en état de référé le 28 février 2023 par le Tribunal judiciaire de Paris dans l'affaire Association « Les Amis de la Terre France », L'Association contre la Société TotalEnergies SE

-Quelle compliance pour les compagnies pétrolière et gazière exploitant le bassin sédimentaire sénégalais ?

8.Comme on peut le constater, l'auteur du présent ouvrage aura prononcé au total quatorze (14) communications sur des thématiques très intéressantes que le lecteur prendra certainement plaisir à explorer. En effet, dans l'exploitation des ressources naturelles, les règles de bonne gouvernance, l'évitement du conflit d'intérêts, la transparence, sont des valeurs à observer. De même, la lutte contre la corruption, le blanchiment de capitaux et le financement du terrorisme doit être menée. Doit-on continuer à s'arc-bouter sur un principe de préférence nationale dégagé dans les différentes lois relatives au contenu local alors que toutes les conditions ne sont pas réunies ? N'est-ce pas faire preuve de réalisme que de conclure un contrat d'unitisation lorsqu'un gisement pétrolier ou gazier est à cheval entre deux frontières comme c'est le cas du projet GTA dans l'exécution duquel on a enregistré l'ouverture du premier puits gazier, ou en ayant recours à un contrat de *joint-venture* dans le régime mixte ? L'investisseur étranger est-il réellement la partie gagnante de la relation contractuelle ? Quels sont les risques auxquels les parties à un contrat d'investissement sont exposés et par quelle technique contractuelle parviennent-elles à y faire face ? Quelle est la pertinence des clauses insérées dans les contrats de recherche de partage et de production ? Autant de questions qui seront traitées dans le présent ouvrage.

LES CONTRATS EXTRACTIFS, L'INVESTISSEUR PARTIE GAGNANTE ?

Bibliographie indicative

AUDIT (B), *L'accord d'arbitrage dans l'arbitrage commercial international*, https://www.oas.org/es/sla/ddi/docs/5%20-%20Audit.%2095-126.pdf, consulté le 09/10/2024 consulté le 17h 46 mn

DE FONTMICHEL (M), « L'équilibre contractuel des clauses relatives au litige », La semaine juridique, Edition générale, n°21-22-27 mai, 2019, pp.1040-1047

Différends entre investisseurs et État : prévention et modes de règlement autres que l'arbitrage, Études de la CNUCED sur les politiques d'investissement international au service du développement, https://unctad.org/fr/system/files/official-document/diaeia200911_fr.pdf, consulté le 09/10/2024 à 17h 36

PLANTEY (A),

-« L'arbitrage commercial international », Annuaire français de droit international, 1990, n°36, pp.307-321 ;

-« L'arbitrage commercial comme instrument de droit international, Revue québécoise de droit international, Volume 8, numéro 2, 1993

XAVIER (F), BALLADARES (P), *La négociation dans le règlement des litiges internationaux d'investissement*, Thèse, Université Panthéon-Sorbonne - Paris I, 2022, 432 pages

9.Selon Philippe Fouchard, « c'est l'État qui est maintenant en position d'infériorité dans le contentieux économique transnational. Au nom de la liberté et de la protection de l'investissement international, le balancier est passé de l'autre côté »[51]. Ce point de vue de FOUCHARD traduit l'idée d'évolution, de déplacement d'un curseur en faveur des multinationales dans le contentieux économique transnational, au détriment bien sûr des États. En clair, dans le contentieux en question, c'est l'investisseur qui constitue la partie gagnante.

Le verbe gagner peut avoir plusieurs sens dont celui de « tirer profit » et faire penser à l'opportunisme « comportement qui consiste pour l'un des contractants à modifier, par la ruse ou par la force, à son avantage et au détriment de l'autre, la répartition des gains conjoints du contrat (...) que chaque partie pouvait normalement envisager au moment de la conclusion du contrat »[52]. Cependant on pourrait se poser la question suivante : le contrat extractif serait-il un contrat qui met aux prises deux parties aux intérêts si antagonistes au point que chacune d'elles ne cherche qu'à préserver ses intérêts ou permet-il d'avoir une autre vision du contrat proche des partisans du solidarisme contractuel, théorie privilégiant la coopération, la fraternité en la matière[53]? Même si on n'ose guère franchir le pas, reconnaissons que le contrat extractif est un contrat d'État. Les contrats d'État sont des contrats internationaux conclus entre un État et une entreprise privée étrangère[54]. L'article 1er de l'ordonnance n°2018-646 du 1er août 2018 portant code des investissements en Côte d'Ivoire dispose que la convention d'État est une convention signée entre l'État et un investisseur privé pour développer un projet économique à effet

---

51 FOUCHARD Philippe, « L'arbitrage et la mondialisation de l'économie », in *Philosophie du droit et droit économique : quel dialogue ? Mélanges offerts à Gérard Farjat*, éditeur Frison-Roche ; texte également reproduit dans FOUCHARD Philippe, *Écrits – Droit de l'arbitrage – Droit du commerce international*, CFA éd., 2007, p. 481-482.

52 MACKAAY Ejan et Rousseau Stéphane, *Analyse économique du droit*, Dalloz, 2e éd., 2008, nos 1355 et s., p. 379 et s cités par MEKKI Mustapha, « Les clauses relatives au prix dans les cessions de droits sociaux », Revue Le Lamy Droit civil, N° 53, 1er octobre 2008, n°1.

53 V. Sur les différents types de contrats, MEKKI Mustapha, *L'intérêt général et le contrat, contribution à une étude de la hiérarchie des intérêts en droit privé*, L.G.D.J, 2004, p.707, n°1152.

54 HOTTE Simon, *La rupture du contrat international, contribution à l'étude du droit transnational des contrats*, Tome 28, p.6, n°9

structurant pour l'économie nationale[55]. L'un des intérêts de prendre connaissance de cette ordonnance demeure dans le fait que celle-ci , outre la définition du projet structurant[56], contient des dispositions relatives aux investissements verts[57], à la sous-traitance[58] , à la responsabilité sociale[59] et au contenu local[60]. Si les concepts d'investissements verts, de responsabilité sociale avaient déjà eu une définition dans l'ordonnance n°2012-487 du 07 juin 2012 portant code des investissements modifiée par celle de 2018, tel n'était pas le cas du contrat de convention d'État et par ricochet de projet structurant ainsi que de contenu local. Le tracé des contours de la RSE dans les deux codes des investissements se justifient certainement par le fait qu'en 2011, la Commission européenne avait défini la RSE comme la responsabilité des entreprises vis-à-vis des effets qu'elles exercent sur la société[61]. Dans tous les cas, elle est à rapprocher de la définition mentionnée dans la loi sénégalaise n°2021-28 du 15 juin 2021 d'orientation relative à l'économie sociale et solidaire[62].

---

[55] Le décret d'application de cette ordonnance est le décret n°2018-647 du 1er août 2018. Ladite ordonnance a été modifiée par l'ordonnance n°2019-1088 du 18 décembre 2019.

[56] Le projet structurant est tout projet qui s'inscrit dans une stratégie sectorielle de développement, qui entraine des investissements lourds, nécessite des niveaux de technologie élevés, apporte une valeur ajoutée à l'économie nationale et remplit les critères définis par le présent code.

[57] Investissements favorisant la sauvegarde de l'environnement et concourant au développement durable. V. Circulaire n°001/AMF-UMOA/2024 relative à la mise en place d'une taxonomie des projets faisant l'objet d'émissions d'obligations vertes, sociales et durables sur le marché financier régional de l'UMOA, Circulaire n°01/CREPMF/2020 relative à la mise en place d'un guide pour les émissions d'obligations vertes, sociales et durables sur le marché financier régional de l'UMOA

[58] Un contrat par lequel une entreprise, commanditaire, demande à une autre entreprise, prestataire, de réaliser tout ou partie de ses activités.

[59] Responsabilité de l'investisseur vis-à-vis des impacts de ses décisions et activités sur la société et sur l'environnement.

[60] Développement du tissu économique et des compétences locales en les faisant participer aux activités économiques à travers la création d'emplois durables, la formation professionnelle, la sous-traitance, et l'ouverture du capital aux nationaux.

[61] Doc.COM (2011), 681 final, 3.1, p.7

[62] Aux termes de l'article 2 de la loi, responsabilité sociale des entreprises signifie actions d'un organisme pour assumer la responsabilité de l'impact de ses actions sur la société et l'environnement pour autant que ces actions soient cohérentes

10. Les contrats d'État sont conclus dans la poursuite de l'intérêt public[63]. En effet, les pays en voie de développement ont :

-des besoins en termes d'exploration et d'exploitation de leurs richesses naturelles ;

-de gros besoins d'infrastructures industrielles et d'équipements de réseau (voie de communication, ports et aéroports, réseau d'eau potable, *etc*)[64].

Plusieurs critères du contrat d'État ont été proposés. Ainsi, on a pu se demander par exemple si le contrat d'État est un contrat régi par l'ordre juridique international. C'est l'avis de Pierre MAYER[65]. Au-delà, il y a la théorie du contrat d'État a-national, de la soumission du contrat d'État aux lois et juridictions nationales.

En somme, le contrat extractif est celui qui a pour partie des États détenteurs de ressources naturelles et dont l'exploitation nécessite le plus souvent le recours aux entreprises étrangères disposant de plus de moyens, humains, financiers, techniques ou technologiques pour ladite opération. Il traduit l'idée selon laquelle le contrat est un mode d'action publique, fondé sur le consensus et la négociation plutôt que sur la contrainte attachée à l'unilatéralisme[66].

11.L'Investisseur est toute personne, physique ou morale, de nationalité sénégalaise[67] ou non, réalisant dans les conditions définies dans le cadre du Code des investissements sur le territoire du Sénégal.

---

avec les intérêts de la société et du développement durable et fondées sur un comportement éthique et le respect de la loi en vigueur.

63 LEBOULANGER Philippe, *Les contrats entre Etats et entreprises étrangères*, Economica, Paris, 1985, n°2.

64 HOTTE Simon, *op.cit.*, p.7.

65 MAYER Pierre, « La neutralisation du pouvoir normatif de l'Etat en matière de contrats d'Etat », JDI 1986.5, n°11 et 12, pp.13 et s

66 BUCHER Charles-Edouard, *Le Conseil d'État*, Rapport public 2008, Le contrat, mode d'action publique et de production de normes, RDC 2009, n°1, p. 259.

67 Cette précision est importante dans la mesure où le bassin sédimentaire sénégalais n'est pas exploité que par des investisseurs étrangers. Un examen de la loi n°2019-04 du 1er février 2019 relative au contenu local ainsi que ses textes d'application permet d'arriver à cette conclusion. Non seulement les investisseurs sénégalais jouissent du principe de préférence nationale en matière de biens et services, mais également peuvent prétendre à une participation dans le capital des entreprises de droit sénégalais, jouissent des avantages du régime exclusif (participation aux appels d'offres relatifs à une activité classée dans le régime exclusif pour « réduire l'importation des biens et services disponibles localement », identification par l'Etat des activités ou des services pour lesquelles il attribue des autorisations

12. Est-il possible, au regard du dispositif légal, réglementaire mis en place ou contractuel convenu, de déceler une quelconque suprématie de l'investisseur ? En effet, dans l'exposé des motifs de la loi n° 2016-32 du 8 novembre 2016 portant Code minier[68], il a été rappelé le contexte d'adoption de la loi de 2003-36 du 24 novembre 2003 portant Code minier. Ainsi, ledit Code avait une orientation incitative. Il fallait donc procéder, en 2016, à un rééquilibrage de la gouvernance des ressources naturelles. Les maîtres-mots ce faisant ont été :

-maintien de l'attractivité ;

-garantie d'équilibre ;

-promotion de partenariat.

Mener une réflexion sur le présent sujet permettra d'appréhender le contexte d'adoption des lois précitées ainsi que leurs objectifs et partant, d'agir en conséquence et de lever toute équivoque. De notre point de vue, et compte tenu de la suprématie de la Constitution sur toute norme, fut-elle communautaire, une révision de l'article 3 du Code minier s'impose afin d'être conforme à l'article 25-1 de la Constitution qui fait du peuple le seul propriétaire des ressources naturelles, l'État n'en étant qu'un gestionnaire. Relevons en outre la promotion par le législateur sénégalais de l'exploitation artisanale[69].

En guise de réponse à la question principale, relevons d'une part l'existence de facteurs explicatifs de la supériorité de l'investisseur étranger (II) et la tentative de rééquilibrage de la relation État-investisseur d'autre part (II).

I - L'existence de facteurs explicatifs de la supériorité de l'investisseur étranger

13. La supériorité de l'investisseur étranger s'apprécie à travers l'existence d'un « monopole de fait » dans l'exploitation des ressources

d'exploitation économique exclusives, article 6 et 7 du décret n°2020-2065) et mixte du contenu local.

[68] V. Son décret d'application, décret n°2017-459 du 20 mars 2017 fixant les modalités d'application de la loi n°2016-32 portant Code minier.

[69] Elle est prévue aux articles 54 et suivants de la loi n°2016-32 du 08 novembre 2016 portant Code minier. C'est toute exploitation dont les activités consistent à extraire et concentrer des substances minérales et à récupérer les produits marchands en utilisant des méthodes et procédés manuels et traditionnels.

extractives (A). En outre, l'investisseur a ses droits garantis et peut, lors des négociations, veiller à ce que certaines clauses figurent dans le contrat (B).

A - L'existence d'un « monopole de fait » dans l'exploitation des ressources naturelles

14.L'économie de marché suppose la libre concurrence. Cet état de fait a été rappelé dans le préambule du Traité de l'UEMOA[70]. Le monopole est une structure de marché. C'est la situation d'un marché comportant un seul offreur face à un grand nombre de demandeurs[71]. Ainsi, un examen de la structure du marché extractif[72] permet de se rendre compte, en tout cas pour ce qui est du secteur des hydrocarbures, qu'il y a des entreprises junior (Exemple : KOSMOS ENERGY, WOODSIDE) et senior (Exemple : BP)[73]. Mais la plupart de ces entreprises sont étrangères. Ces multinationales ont permis la découverte entre 2014 et 2017 de :

-quatre gisements de pétrole (FAN, SNE, FAN South et SNE North) ;

-trois gisements de gaz naturel (Grand Tortue/Ahmeyin, Teranga et Yakaar)[74].

---

[70] V. NDOUR Khaly Adama, *Droit de la concurrence applicable au Sénégal et en Afrique de l'Ouest*, L'harmattan Sénégal, 2017, 209 pages ; DIAKITE Kémoko, *Droit de l'intégration africaine*, L'harmattan, 2017, 187 pages ; BAKHOUM Mor, « Perspectives africaines d'une politique de la concurrence dans l'espace OHADA », RIDE, 2011, pp.351-378.

[71] (Dir) SILEM Ahmed et alii, *Lexique d'économie*, Dalloz, 2014, 13e édition, p.575

[72] Dans la Stratégie Nationale de Développement Sénégal 2050, il est dit que : « les filiales de groupes étrangers dominent largement dans l'économie nationale, notamment dans les mines, les hydrocarbures ». V. Stratégie national de développement 2025-2029 p.26

[73] LAURIOL Thierry, RAYNAUD Emilie, *Le droit pétrolier et minier en Afrique* , Lextenso, 2016, 588 pages

[74] Informations mises en ligne le 27 mars 2019 et tirées du site Ministère du Pétrole et des énergies, https://www.energie.gouv.sn/recherche-petroliere-amont/, consulté le 22-06-2021 à 7h 22. Dans l'exposé des motifs de la loi n°2019-03 du 1er février 2019 portant Code pétrolier, il a été précisé que ces différentes découvertes ont été favorisées par la mise en place d'un cadre juridique incitatif à travers la loi n°98-05 du 8 janvier 1998 portant Code pétrolier.

Pour avoir une idée de la liste des permis de recherche et d'exploitation, une consultation du site de l'ITIE [75] serait d'un intérêt non négligeable.

En plus du « monopole de fait », un autre facteur explicatif est relatif aux diverses garanties dont jouit l'investisseur.

B - Les garanties de l'investisseur

15.L'investisseur a besoin de sécuriser son investissement. Cette sécurité est obtenue entre autres par les différentes garanties légales dont il jouit (1) et la maîtrise de l'aléa de souveraineté par celui-ci (2).

1 - Les différentes garanties légales profitables à l'investisseur

16. Le Titre XIII du Code minier de 2016 fixe les garanties et obligations attachées à l'exercice des opérations minières. En examinant donc certaines dispositions dudit Code, on peut déceler les garanties ci-après :

-impossible expropriation ou réquisition par l'État des installations et infrastructures dans le cadre des opérations minières sauf en cas de force majeure ou d'utilité publique[76] ;

-la confidentialité des documents à caractère géologique, minier (communication au public et aux tiers sur autorisation écrite des titulaires de titres miniers[77]);

-la non-discrimination[78] ;

-le libre choix des sous-traitants, fournisseurs et partenaires sous réserve de l'élaboration d'un plan de passation des marchés[79] ;

-le droit d'occupation des terres et parfois la possibilité pour l'État d'exproprier au profit du titulaire du titre minier[80].

17. La loi n°2019-03 du 1er février 2019 portant Code pétrolier est elle aussi « généreuse » en garanties. C'est ainsi que l'article 63 dudit

---

75 https://itie.sn/liste-des-permis/
76 Article 82 du Code minier.
77 Article 83 du Code minier.
78 Article 84 du Code minier
79 Article 85 du Code minier.
80 Article 90 du Code minier.

texte dispose que le titulaire de contrat pétrolier et les sous-traitants ont le droit de contracter des emprunts à l'étranger nécessaires à l'exécution de leurs activités au Sénégal, le droit au libre mouvement des fonds afférents au paiement au titre des opérations courantes, le droit de transférer les sommes nécessaires à l'amortissement contractuel des dettes dans le cadre de leurs opérations au Sénégal, le droit de transférer les produits , notamment les intérêts et dividendes des capitaux investis sous réserve de validation préalable du schéma commercial par le Ministre chargé des Hydrocarbures et le Ministre chargé des Finances, à l'exception de transfert des opérations entre filiales d'une même compagnie[81].

2. La maîtrise de l'aléa de souveraineté

18. Il s'agit de l'insertion dans le contrat d'une clause de stabilisation et d'intangibilité. A la différence de la clause d'intangibilité qui vise à neutraliser le pouvoir de modification unilatérale du contrat par l'administration, la clause de stabilisation a pour finalité la préservation des droits acquis de l'investisseur au moment de la conclusion du contrat. Elle est consacrée aux articles 72 de la loi n°2019-03 du 1er février 2019 portant Code pétrolier[82], 11 alinéa 3 et 27 de la loi n°2016-32 du 08 novembre 2016 portant Code minier.

La suprématie de l'investisseur a engendré comme conséquence la mise en place de mécanismes de rééquilibrage de la relation État-investisseur.

II - La tentative de rééquilibrage de la relation État-investisseur

19. La tentative de rééquilibrage de la relation État-investisseur s'apprécie à travers la prise en compte d'intérêts autres que ceux de l'investisseur (A) ; lequel rééquilibrage pourrait être battu en brèche par des mesures que l'on pourrait qualifier d'incantatoires (B).

---

81 Le législateur sénégalais fait allusion certainement aux conventions de trésorerie.

82 Dans la loi n°98-05 du 8 janvier 1998 portant Code pétrolier, la clause de stabilisation est visée à l'article 67.

A - La prise en compte d'intérêts autres que ceux de l'investisseur

20. Il s'agit des intérêts des communautés minières et locales, de ceux du Peuple, de la main-d'œuvre locale, du secteur privé national. Dans le Règlement n°02/2023/CM/UEMOA portant Code minier communautaire, une distinction est faite entre les communautés locales d'une part et celles minières d'autre part. Ainsi, par communautés locales, on entend les populations impactées directement ou indirectement par l'activité minière. Cette catégorie de personnes est à distinguer de la communauté minière, ensemble des personnes physiques ou morales publiques ou privées qui participent directement ou indirectement à une activité minière dans une communauté donnée. La main-d'œuvre locale et le secteur privé national sont protégés entre autres à travers l'institution de la priorité d'embauche et la consécration du principe de préférence nationale. La garantie commune aux différentes communautés précitées, à la main-d'œuvre locale et au secteur privé national tient dans la publication des contrats pétroliers et gaziers.

Les différents mécanismes que nous venons d'étudier sont d'origine légale, obligatoire. Ils contrastent avec les résolutions de l'Assemblée générale des Nations unies qui sont de la *soft law.*

B - La faiblesse de la tentative en raison de l'existence de mesures incantatoires

21. Les développements qui vont suivre seront relatifs à la valeur normative des déclarations ou résolutions de l'Assemblée générale des Nations unies. Les résolutions des Nations unies sont des déclarations de principes et ne lient pas les États[83]. Ce faisant, la faiblesse du droit international repose dans son jugement étayé à partir de traités internationaux souvent jugés obsolètes au regard du vécu quotidien des populations concernées et des évolutions géopolitiques en cours d'accélération. En outre, bon nombre de ses décisions ne sont jamais appliquées, comme certaines résolutions onusiennes essentielles pour la crédibilité du droit international[84]. Il faut dire que les résolutions de

[83] LAURIOL Thierry, RAYNAUD Emilie, *op.cit.*, p. 73, n°116

[84] GWANZA Achille, LHUILIER Gilles, *Le contentieux extractif*, ICC, 2015, p.199

l'Assemblée générale des Nations unies n'ont jamais exclu l'idée de nationalisation, d'expropriation ou de réquisition. A condition toutefois que l'on soit en présence de raisons d'utilité publique, de sécurité ou d'intérêt national, et que le propriétaire soit indemnisé. Si l'indemnisation donne lieu à une controverse, l'affaire sera en priorité réglée par l'usage des « voies de recours nationales de l'État » qui prend lesdites mesures sauf décision contraire c'est-à-dire recours à un arbitre ou règlement judiciaire international. Pourtant, on sait que l'État du Sénégal hésitera à procéder à l'expropriation. D'ailleurs, dans certains de ses discours, le Premier Ministre, Ousmane Sonko n'a cessé de le rappeler.

DE LA PERTINENCE DE QUELQUES CLAUSES INSÉRÉES DANS LES CONTRATS DE RECHERCHE ET DE PARTAGE DE PRODUCTION

Bibliographie

CARNEIRO (L.S), *Evolution et apport du droit international des investissements et du statut de l'investisseur privé étranger à la qualité des personnes privées en droit international public général*, Rapport de recherche Institut des Hautes Etudes Internationales, 2014-2015, 40 pages.

CHAUDET (C.A.F), *L'arbitrage international d'investissement : ses contours, ses critiques, sa réforme*, /Users/bmd%20tech/Downloads/file.pdf, consulté le 03/04/2025 à 10h 29 mn

COURT (J.-F), « Investissements étrangers dans les pays en développement : aspects fiscaux internationaux », Revue française d'administration publique, 1980, n°13, pp.83-106

DANIC (O), *L'émergence d'un droit international des investissements, contribution des traités bilatéraux d'investissement et de la jurisprudence du CIRD*I, www.efaidnbmnnnibpcajpcglclefindmkaj/https://hal.science/tel-02166275/file/these_Olivia_Danic_DII.pdf, consulté 03/04/2025 à 9h 33 mn

DIEDHIOU (P), « L'article 10 du Traité de l'OHADA : quelle portée abrogatoire et supranationale ? », Rev.dr.unif.2007, pp.265-283

(Dir), PIROTTE (A), TITI (A.C), *L'impact des traités d'investissement sur les flux d'investissements directs étrangers, une nouvelle approche par la prise en compte des règles de droit des traités*, www.efaidnbmnnnibpcajpcglclefindmkaj/https://shs.hal.science/halshs-02910927v1/document, consulté le 03/04/2025 à 10h 00

DORCE (M.J), « L'Union européenne : quelle influence sur le devenir du droit international des investissements ? », ADUE, 2020, pp.277-293

GUILLAUME-ANDRE (J), *Le droit des investissements internationaux face à l'Union européenne*, Thèse Université de recherche Paris Sciences et Lettres une cotutelle Université Paris-Dauphine et Université Autonome de Madrid, 2016, 557 pages.

ISSA-SAYEGH (J), « La portée abrogatoire des Actes uniformes de l'OHADA sur le droit interne des États parties », Revue burkinabè de droit, n°39-40, n° spécial, pp.51 et s

JUILLARD (P), *L'évolution des sources du droit des investissements, Recueil des cours de l'académie de droit international*, www.efaidnbmnnnibpcajpcglclefindmkaj/https://files.pca-cpa.org/pcadocs/bi-c/1.%20Investors/4.%20Legal%20Authorities/CA187.pdf, consulté le 03/04/2025 à 9h 55 mn

LEVASSEUR (S), « Investissements directs à l'étranger et stratégies des entreprises multinationales », www.investissements-directs-a-letranger-et-strategies-des-entreprises-multinationales.pdf, consulté le 03/04/2025 à 10h 14 mn

PRINCE (H.A), « Quelle place réserver à l'investissement direct étranger dans le droit OHADA ? Réflexions à partir des expériences européenne et nord-américaine », BDE, 2017, 18 pages.

SEMBONGO (R.D), « L'apport des investissements miniers au développement des pays d'Afrique francophone », Horizons du Droit, n°53, pp.47-78

TOUMI (S), « Facteurs d'attractivité des investissements directs étrangers en Tunisie », L'Actualité économique, 2009, volume 85, n°2, pp.209-237

ZORILA (C.R), *L'évolution du droit international en matière d'investissements directs étrangers*,www.efaidnbmnnnibpcajpcglclefindmkaj/https://theses.hal.science/tel-00717699v1/document, consulté le 03/04/2025 à 9h 39 mn

22. La clause est une disposition particulière d'un acte juridique[85]. C'est une prévision particulière d'un acte juridique ayant pour objet d'en préciser certains éléments ou d'en modifier les effets normaux[86]. En tant que telle, elle constitue un des éléments composant le contrat. En l'espèce, il s'agit du contrat de recherche et de partage de production d'hydrocarbures (CRPP) exécuté présentement par **WOODSIDE** et **PETROSEN** dans lequel les parties étaient l'État du Sénégal, représenté par le Ministre de l'Énergie et des Mines, **SENEGAL HUNT OIL COMPANY**, filiale à 100% de la société **HUNT OIL**, société de droit des îles Cayman, ayant son siège social aux USA et **PETROSEN** (société de droit sénégalais) pour l'exploitation du bloc **RUFFISQUE OFFSHORE, SANGOMAR OFFSHORE, SANGOMAR OFFSHORE PROFOND** . L'objet de ce contrat demeure la recherche et s'il y a lieu l'exploitation des hydrocarbures en cas de découverte d'un gisement commercial dans la zone contractuelle. Entre-temps et conformément à l'article 29 du **CRPP**, il y a eu cession de droits et obligations ayant abouti à l'existence de trois parties :

-État du Sénégal ;

-PETROSEN (**18%**) et

-WOODSIDE (**82%**).

C'est cette situation contractuelle qui a valu au Sénégal d'intégrer, depuis le 11 juin 2024, le cercle des pays producteurs de pétrole.

23. Dans cette communication, on aurait pu discuter de la clause traitant du loyer superficiaire[87], de la vente par priorité d'hydrocarbures brutes à l'État du Sénégal pour la satisfaction des besoins de la consommation intérieure du pays[88]. Mais l'accent sera mis sur la clause relative à la durée de la période d'exploitation[89], la clause afférente au recrutement, à la formation du personnel sénégalais, à l'appui apporté

---

[85] (Dir) GUINCHARD Serge, MONTAGNIER Gabriel, *Lexique des termes juridiques*, 12e édition, Dalloz,1999, p.97.

[86] Pour cette dernière catégorie de clauses, Sébastien BISSARDON vise la clause attributive de juridiction ; BISSARDON Sébastien, *Guide du langage juridique*, Lexisnexis, 2013, 4e édition, p.232

[87] Article **8 CRPP**

[88] Article **15 CRPP**

[89] Article **10 CRPP**

à PETROSEN[90], sur les clauses relatives au différend[91] et à la stabilité des droits, charges et obligations découlant du CRPP[92].

Tableau comparatif sur le loyer superficiaire

Montant prévu dans le CRPP en application de l'article 45 de la loi n°98-05 du 08 janvier 1998 portant Code pétrolier	**Loi n°2019-03 du 1er février 2019 portant Code pétrolier (Article 47)**
-Période initiale de recherche : **5** dollars par km2	-Période initiale d'exploration : **30** dollars US par km2
-Première période de renouvellement : **8** dollars par Km2	-Première période d'exploration : **50** dollars par km2
-Deuxième période de renouvellement : **15** dollars par Km2	-Deuxième période d'exploration : **75** dollars US par km2

24. La raison pour laquelle on se focalise sur ces clauses tient au fait que celles-ci suscitent débats et interrogations et l'occasion nous sera donnée de faire quelques suggestions. Mais disons-le d'emblée : la renégociation des contrats pétroliers et gaziers relève de l'ordre du possible parce que prévue par les articles **1.5** (**Contrat** : *signifie, le présent acte et ses annexes formant contrat ainsi que toute addition ou modification aux présentes qui recevrait l'approbation des Parties selon les dispositions de l'article 35.3 ci-dessous*) ainsi que toute et **35.3** (*Le présent contrat ne peut être modifié que par écrit et d'un commun accord entre les Parties*) du **CRPP**.

Ces précisions ayant été faites, nous aurons un regard interrogateur sur certaines clauses à caractère économique et social d'une part (**I**) et sur les clauses de différends et de stabilisation d'autre part (**II**).

90 Article **19 CRPP**

91 Article **32.1 CRPP**

92 Article **33.3 CRPP**

I - Regards interrogateurs sur les clauses à caractère économique et social

25. Les clauses à caractère économique et social sont celles ayant trait à la durée d'exploitation d'une part (A), à la formation du personnel sénégalais et à l'appui de PETROSEN (B).

A - La clause relative à la durée : une clause à réaménager ?

26. Il nous sera permis, avant de répondre à cette question, d'apporter une précision. En effet, il demeure constant que la durée de vie d'un gisement de pétrole est comprise entre 15 à 30 ans. Aux termes de l'article 10 du CRPP, l'autorisation d'exploitation en cas de découverte d'hydrocarbures déclarée commercialement exploitable est donnée par décret pour une période de 25 ans. À l'expiration des 25 ans, la période d'exploitation peut être renouvelée par décret pour une période additionnelle de 10 ans renouvelable au plus une fois.

Deux informations méritent d'être livrées suite à l'examen du contenu de l'article 10 CRPP précité. D'abord, précisons la prise du décret n°2020-29 du 8 janvier 2020 autorisant l'exploitation du périmètre délimitant le champ SNE/Sangomar, par les compagnies pétrolières WOODSIDE Energy (Sénégal) B.V., Capricorn Sénégal Limited, First Australian Ressources Limited et PETROSEN (le périmètre concerné par la présente autorisation d'exploitation est d'une superficie réputée égale à environ 711 kilomètres carrés)[93]**.** De même, l'autorisation d'exploitation est accordée pour une durée de 25 ans, laquelle peut être prorogée conformément aux stipulations du CRPP[94]. Donc au grand maximum, WOODSIDE est habilité à rester au Sénégal jusqu'en 2035 sauf décision contraire provenant d'elle ou des autorités sénégalaises.

Ensuite, rappelons que dans la loi n°2019-03 du 1er février 2019 portant Code pétrolier, la durée initiale maximale de l'autorisation exclusive d'exploitation est de 20 ans, laquelle peut être renouvelée par décret à la demande du contractant pour une durée de 10 ans au plus[95].

---

[93] Article 2 du décret n°2020-29 du 8 janvier 2020

[94] Article 4 du décret n°2020-29 du 8 janvier 2020

[95] Article **30 CRPP**.

Il faut le dire, la durée prévue dans le CRPP n'est en rien contraire à l'article 30 du Code pétrolier de 2019 en raison de la consécration à l'article 73 alinéa 2 dudit Code de dispositions transitoires en vertu desquelles sur accord des parties, les contrats pétroliers conclus sous l'égide du Code pétrolier de 1998 peuvent être soumis aux dispositions de la nouvelle loi dans les vingt-quatre mois suivant la date de son entrée en vigueur.

Outre la clause relative à la durée de l'exploitation, il y a celle ayant trait à la formation du personnel.

B - La clause relative à la formation du personnel sénégalais et à l'appui profitant au Ministère et à PETROSEN

27. En cas d'octroi d'un périmètre d'exploitation, le contractant va préparer, en accord avec le Ministère, un plan de recrutement et un plan de formation pour parvenir à une participation de plus en plus large du personnel sénégalais aux opérations pétrolières[96]. Pour faciliter l'emploi du personnel sénégalais, le contractant va former et perfectionner son personnel employé ; former et perfectionner le personnel du Ministère et de PETROSEN. Cette formation et ce perfectionnement seront organisés suivant un plan établi en accord avec le Ministre et le Directeur général de PETROSEN, soit au sein de l'entreprise du contractant, soit dans d'autres entreprises, au moyen de stages ou d'échanges de personnel, tant au Sénégal qu'à l'étranger. De même, le contractant appuiera PETROSEN dans (…) l'exploitation pétrolière au Sénégal.

28. Le budget consacré au plan de formation du personnel du Ministère et de PETROSEN en période d'exploitation est d'au moins 400.000 dollars (250 millions de francs CFA). Ce montant est versé à PETROSEN le 1er janvier de chaque année. On pourrait s'interroger sur le caractère consistant ou pas de ce montant ainsi que sur l'offre de formation faite par l'INPG[97].

96 Article 19 CRPP

97 Le décret n°2017-2305 du 27 décembre 2017 portant création et fixant les règles d'organisation et de fonctionnement de l'INPG. Le rôle de cette institution c'est entre autres la formation spécialisée et continue des ingénieurs, cadres, techniciens, opérateurs.

À côté des regards interrogateurs sur les clauses à caractère économique et social, il en existe d'autres sur celles à caractère contentieux et celles de stabilisation.

II - Regards interrogateurs sur les clauses à caractère contentieux et de stabilisation

29. Il s'agit de la clause compromissoire, clause de médiation lesquelles sont au confluent du flou et de la clarté (A) et de la clause de stabilisation dont la portée doit être investiguée (B).

A - Les clauses de différends : entre flou et clarté

30.L'article 32 du CRPP stipule qu'en cas de litige survenant entre l'État et le contractant relatif à l'interprétation ou l'exécution du CRPP ou de l'une quelconque de ses dispositions, les Parties s'efforceront de le résoudre à l'amiable. Si dans un délai de trois mois à compter de la notification du litige les parties ne parviennent pas à le régler à l'amiable, elles conviennent de la soumettre au CIRDI. Le lieu de l'arbitrage est Paris ; la langue de la procédure sera le français et la loi sénégalaise, la loi applicable[98].

Si toutes les précisions semblent être faites à l'examen de l'article 32 du CRPP, on peut se poser la question de savoir à quoi renvoie l'expression « notification du litige » puisqu'on ne notifie pas un litige, mais plutôt par exemple un acte de procédure.

Une autre question consistera à savoir si c'est l'Acte uniforme relatif à la médiation s'appliquera et auquel cas, la problématique de la survie du droit national se poserait vu que l'article 17 de l'Acte uniforme précité précise que : « le présent Acte uniforme tient lieu de loi relative à la médiation dans les États Parties ». Une combinaison de cette disposition et celle de l'article 10[99] du Traité de l'OHADA permettrait d'appréhender et la portée abrogatoire des textes de l'OHADA et la

---

[98] Cette clause du contrat est conforme à l'article 15 de l'Acte uniforme relatif au droit de l'arbitrage qui dispose que le tribunal arbitral tranche le fond du différend conformément aux règles de droit choisies par les parties.

[99] Les Actes uniformes sont directement applicables et obligatoires dans les Etats-Parties, nonobstant toute disposition contraire de droit interne, antérieure ou postérieure.

suprématie de celle-ci. Cependant, cette portée abrogatoire est loin d'être absolue en raison du fait que l'Acte uniforme relatif au droit de la médiation n'a pas couvert tout le champ de la médiation, situation de fait comblée par le droit national. C'est ainsi par exemple que la loi ivoirienne n°2014-389 du 20 juin 2014 relative à la médiation judiciaire et conventionnelle qui interdit la médiation pour les litiges concernant l'état et la capacité des personnes[100], donne pouvoir au juge saisi d'un litige portant sur des droits dont les parties ont la libre disposition de désigner, après avoir recueilli l'accord des parties, une institution de médiation ou un médiateur[101] et précise que les parties peuvent recourir conventionnellement à la médiation pour mettre fin à tout ou partie d'un litige né ou à naître portant sur des droits dont elles ont la libre disposition[102] survit à l'Acte uniforme. C'est également le cas du décret sénégalais n°2014-1653 du 24 décembre 2014 relatif à la médiation et à la conciliation qui a institué par exemple un Comité national de Médiation et de Conciliation et des textes organisant le statut du médiateur financier[103].

Enfin, serait-il possible de délocaliser, au Sénégal, le lieu de l'arbitrage ? Cette option est certes envisageable, mais très incertaine au regard des habitudes processuelles des compagnies pétrolières et gazières.

Au-delà du clair-obscur qui entoure les clauses de différend, il y a lieu de s'interroger sur la portée des clauses de stabilisation.

---

[100] Article 2

[101] Article 7

[102] Article 21

[103] Arrêté ministériel n°2256 en date du 2 mars 2009 fixant les attributions et conditions d'exercice de l'activité de médiateur modifié. *Adde* Décret n°2009-95 en date du 2 octobre 2008 portant création et organisation de l'Observatoire de la Qualité des services financiers (OQSF).

B - La clause de stabilisation des conditions : quelle portée ?

31. En application de l'article 67 de la loi n°98-05 du 8 janvier 1998 portant Code pétrolier, les parties au contrat ont inséré, à l'article 33 du CRPP, une clause de stabilisation. Suivant cette clause, aucune disposition ne peut avoir pour effet de :

-remettre en cause les droits économiques résultant du contrat ;

-aggraver les charges et obligations du contractant découlant des dispositions fiscales à la date de signature du contrat.

Dans les deux cas, toute remise en cause ou aggravation éventuelle des droits acquis de l'investisseur nécessiterait un accord préalable des parties.

Si cette clause venait à être révisée, irait-on jusqu'à lui étendre les limites visées à l'article 72 de la loi n°2019-03 du 1er février 2019 portant Code pétrolier à savoir par exemple la sécurité des personnes, la protection de l'environnement, le contrôle des opérations pétrolières ou de droit du travail ? Aucun argument à notre avis ne devrait s'y opposer.

LE RÉÉQUILIBRAGE DE LA RELATION CONTRACTUELLE ÉTAT-INVESTISSEUR DANS LA LOI SÉNÉGALAISE PORTANT CODE PÉTROLIER : OBJECTIF EXCLUSIF ?

Bibliographie indicative

BAZELAIS (K), DUNHAM (Ph), POLONI (F), « Rapport statistique 2023 de la chambre de commerce internationale : la résurgence de l'arbitrage international », Gazette du Palais, n°33, 2024, pp.13-14

DEWEDI (E), « Le préjudice écologique dans le contentieux constitutionnel au Bénin », Revue Lamy Droit civil, n°140, 1er septembre 2016

FALL(M), « La renégociation des contrats pétroliers au Sénégal », https://ceracle.com/la-renegociation-des-contrats-petroliers-au-senegal/, consulté le 15/12/2024 à 16h 38 mn

GOURION (P-A), PEYRARD (G), *Droit du commerce international*, LGDJ, 3e édition, 2001, 216 pages.

HAMIDA (W.B), « L'arbitrage État-investisseur face à un désordre procédural : la concurrence des procédures et les conflits de juridictions », Annuaire français de droit international, 2005, pp.564-602

TSIAKLAGKANOU (D), « Le préjudice écologique après l'arrêt Erika », Le droit maritime français, n°788, 1er février 2017

32. Le rééquilibrage de la relation contractuelle est à la mode ![104] Qui l'eût cru surtout lorsque celle-ci est basée sur une philosophie et des principes que sont respectivement l'autonomie de la volonté et l'égalité, la liberté contractuelle ? Mais c'est oublier que dans les faits, il y a généralement une partie forte au contrat et cette situation n'est pas inconnue dans la relation État et investisseur. En effet, la relation précitée se caractérise par son évolution. Si au départ, les investisseurs, notamment étrangers[105] étaient en position de force surtout lorsque l'État, co-contractant est un pays en voie de développement et partant, a besoin de capitaux pour financer ledit développement, tel n'est plus forcément le cas. Faisons remarquer que le changement de situation est intervenu à la faveur de la faiblesse voire la carence de la protection diplomatique et s'est manifesté entre autres par la nationalisation des investissements des multinationales[106]. C'était sans compter sur l'ingéniosité de celles-ci qui, pour se protéger, ont exigé plus de garanties (interdiction de l'expropriation ou de la réquisition par exemple[107]) ainsi que l'insertion dans les contrats pétroliers de clauses d'intangibilité et de stabilisation qui ont respectivement pour finalité la neutralisation du pouvoir de modification unilatérale des clauses du contrat et le respect des droits acquis en dépit d'une évolution législative. Dans cette dernière hypothèse, il s'agit d'une protection contre le risque législatif là où dans la première occurrence c'est le risque politique qui est visé. Il faut dire également que le recours à l'arbitrage CIRDI en cas de contentieux est un mécanisme de rééquilibrage non négligeable. C'est parce que les investisseurs

---

[104] Voir les intentions des nouvelles autorités qui d'ailleurs ont été précédées dans cette velléité par celles maliennes, burkinabé et de la RDC. En droit des contrats nous pouvons citer l'ordonnance française du 10 février 2016 modifiant le code civil notamment la théorie générale des obligations. Au Sénégal, nous avons la loi n°2021-25 du 12 avril 2021 sur les prix et la protection du consommateur. V. BENABDELLAH Imel, *La renégociation du contrat*, Thèse, Montpellier 1, 2013 ; ACCAOUI-LORFING Pascale, *La renégociation des contrats internationaux*, Thèse, Paris II, 2008

[105] Nous faisons référence aux multinationales même si les investisseurs nationaux interviennent dans les opérations pétrolières ou peuvent être partie à un contrat pétrolier.

[106] La nationalisation n'a jamais été interdite aux Etats. Elle est d'ailleurs parfois rappelée dans les contrats extractifs ou TBI.

[107] Il est tout de même curieux de remarquer que malgré son orientation, la loi n°2019-03 du 1er février 2019 portant Code pétrolier n'emploie guère ces deux expressions. Tout le contraire est pour la loi n°98-05 du 8 janvier 1998 portant Code pétrolier, aux articles 39 et 61 en faveur bien évidemment de l'investisseur.

accordent peu de confiance aux tribunaux étatiques qu'ils peuvent taxer de partiaux voire d'inféodés au pouvoir politique[108]. Que le point de vue soit vérifié ou pas, le constat que l'on peut faire demeure la concurrence que se mènent les différentes places : la « place de Paris » pour parler de la chambre de commerce internationale (CCI)[109], la « place de Washington » faisant allusion au CIRDI, « la place de Londres », accent mis sur La *London Court of International Arbitration* et la « place OHADA » faisant allusion à l'espace OHADA vu que dans l'Acte uniforme relatif au droit de l'arbitrage[110], l'arbitrage peut être fondé non seulement sur une convention d'arbitrage (clause compromissoire et compromis), mais également sur un instrument relatif aux investissements, notamment[111] un Code des investissements ou un traité bilatéral ou multilatéral relatif aux investissements[112]. Là également, le législateur de l'OHADA a frappé un coup d'épée dans l'eau dès lors que dans la plupart des contrats internationaux, les investisseurs ou les partenaires étrangers « imposent » presque toujours comme loi applicable celle de leur pays d'origine ou les textes internationaux, et ce, au détriment du droit OHADA. La « défiance » des investisseurs ou des partenaires extérieurs envers le droit OHADA va jusqu'au choix

---

[108] D'ailleurs certaines conventions minières excluent le juge sénégalais. V. Sur la dénonciation de cette pratique, CISSE Ousmane, *Le droit des mines du Sénégal*, L'harmattan Sénégal, 2020, 450 pages

[109] La CCI a un règlement de conciliation et d'arbitrage. V. En la matière GOURION Pierre-Alain, PEYRARD Georges, *Droit du commerce international*, LGDJ, 3e édition, 2001, p.69.

[110] Selon Kimberly BAZELAIS et *alii*, le marché institutionnel de l'arbitrage est devenu de plus en plus concurrentiel, conséquence de la multiplication des institutions internationales et régionales ; BAZELAIS Kimberly, DUNHAM Philip, POLONI Flore, « Rapport statistique 2023 de la chambre de commerce internationale : la résurgence de l'arbitrage international », Gazette du Palais, n°33, 2024, pp.13-14

[111] L'adverbe « notamment », nous amène à penser qu'au-delà des Codes des investissements, des traités bilatéraux ou multilatéraux d'investissement, d'autres instruments pourraient être cités. Nous pensons par exemple au Règlement n°02/2023/CM/UEMOA portant Code minier communautaire où on peut lire ceci : « considérant que l'instauration d'une réglementation minière communautaire participe de la création d'un climat global propice aux investissements et au traitement égalitaire des investisseurs au sein de l'Union ». Par ricochet, les Codes miniers nationaux et pétroliers sont des instruments relatifs aux investissements.

[112] Article 3 de l'Acte uniforme relatif au droit de l'arbitrage. V. Egalement l'article 21 de l'Accord entre le Canada et la République du Sénégal concernant la promotion et la protection des investissements.

préférentiel des institutions d'arbitrage situées en dehors du continent (CIRDI, CCI) au détriment de l'arbitrage de la Cour commune de justice et d'arbitrage de l'OHADA pour régler les différends éventuels[113].

Tous ces mécanismes de rééquilibrage figurent dans la loi n°2019-03 du 1er février 2019 portant Code pétrolier[114] qui pourtant n'a pas pour seul objectif la protection de l'investisseur vu qu'il entend promouvoir la main-d'œuvre locale, le secteur privé national, la transparence dans la gouvernance de l'industrie extractive (respect des normes ITIE), les intérêts économique et financier du peuple sénégalais.

Cette étude présente l'intérêt d'appréhender les différentes évolutions de la législation pétrolière et partant les différentes philosophies qui essaiment dans celle-ci ainsi que leur portée.

La trame de l'étude consistera à démontrer que si le rééquilibrage constitue un objectif central (I), il n'y a pas en la matière d'exclusivisme au regard d'un changement de paradigme noté (II).

I - Le rééquilibrage de la relation contractuelle état-investisseur, un objectif primordial

33. Si la loi n°98-05 du 8 janvier 1998 portant Code pétrolier avait pour principal objectif l'attractivité, celle n°2019-03 du 1er février 2019 vise plus à instaurer un équilibre qu'autre chose. Ainsi, la préservation de l'intérêt financier de l'État (A) est contrebalancée par l'aménagement de ses pouvoirs (B).

---

113 AKAM AKAM André, *Les deux visages de la juridicité, Ecrits sur le droit et la justice en Afrique*, L'harmattan, 2020, pp.79-80. Sur l'arbitrage OHADA, V. Egalement BIADJA Cassius Jean Sossou, *L'Acte uniforme OHADA à l'épreuve des standards transnationaux de la justice arbitrale, Approche comparée de droit international privé*, L.G.D.J, 2016, 651 pages ; LAURIOL et *alii*, Le règlement d'arbitrage CCJA, Commentaire article par article, LexisNexis, 2018, 414 pages ; DOUAJNI Gaston, *L'arbitrage OHADA*, PUPPA, 2014, collection « Droit OHADA et droits communautaires africains », 298 pages ; (Dir) DOUAJNI Gaston Kenfack, *L'Etat africain dans l'arbitrage international*, PUPPPA, 2015, collection « Droit OHADA et droits communautaires africains », 304 pages ; AKA Narcisse, FENEON Alain, TCHAKOUA Jean-Marie, *Le nouveau droit de l'arbitrage et de la médiation en Afrique (OHADA)*, L.G.D.J, 2018, 371 pages

114 Ce texte vu qu'il abroge la loi de 1998-05 du 8 janvier portant code pétrolier, constitue, avec les pratiques internationales observées dans l'industrie pétrolière, la législation sénégalaise.

A - La préservation de l'intérêt financier de l'État

34. Dans la loi n°98-05 du 8 janvier 1998 portant Code pétrolier, le *bonus* de signature qui était prévu dans la loi n°86-13 du 14 Avril 1986 portant Code pétrolier était supprimé. La raison, on peut s'en douter, est de susciter au maximum l'intérêt des compagnies pétrolières pour le bassin sédimentaire sénégalais. Une analyse de l'exposé des motifs de la loi n°2019-03 du 1er février 2019 portant Code pétrolier permet de comprendre que ce code a pour objectif d'instaurer un équilibre entre « la sauvegarde et la sécurisation des intérêts économique et financier du peuple sénégalais, tout en préservant l'attractivité et la compétitivité du pays ». C'est certainement en vue d'atteindre cet équilibre que le *bonus* de signature a été rétabli[115]. En outre, le législateur a fixé le montant de la participation de PETROSEN, entreprise publique, qui prend une participation au nom de l'État dans le capital d'une compagnie pétrolière (au minimum 10% en phase d'exploration, développement portés par les autres co-titulaires de titres miniers d'hydrocarbures et possibilité d'accroitre la participation à 20% dans la phase d'exploitation et de développement). Cependant, la préservation de l'intérêt financier de l'État n'a guère été un obstacle à l'aménagement de ses pouvoirs.

B - L 'aménagement des pouvoirs de l'État

35. Les pouvoirs de l'État sont aménagés en raison de l'insertion dans le contrat d'une clause de stabilisation (1) et de l'élargissement des mécanismes de règlements des litiges (2).

1- La clause de stabilisation

36. Elle était prévue par l'article 67 de la loi n°98-05 du 8 janvier 1998 portant Code pétrolier en ces termes : « *une convention ou un contrat de services peut contenir une clause relative à la stabilité des conditions législatives et réglementaires à la date effective de l'accord* ». Mais c'est plus dans la loi de 2019-03 du 1er février 2019 que les contours de cette clause ont été mieux dessinés. Ainsi, on est dans une situation où les dispositions législatives et réglementaires postérieures à la date d'entrée en vigueur du contrat pétrolier, viennent

---

[115] Article 7 de la loi n°2019-03 du 1er février 2019 portant Code pétrolier.

bouleverser l'équilibre économique prévu à la date d'entrée en vigueur d'un texte. Pour cela, une clause sera insérée dans le contrat pour faire face à ce changement.

2 - L'élargissement des mécanismes de règlement des litiges

-Dans la loi n°98-05 du 08 janvier 1998 portant Code pétrolier, le seul mode alternatif expressément prévu était l'arbitrage. À rebours, le Code pétrolier de 2019 vise entre autres :

-les moyens de consultations ;

-les bons offices ;

-la médiation, conciliation ;

-tout autre mécanisme juridictionnel ou non convenu.

Il faudra néanmoins s'imprégner des clauses des CRPP sur le déroulement de la médiation ou conciliation. Dans tous les cas, l'intérêt de l'État et celui des investisseurs ne sont pas les seuls pris en compte. Il y a en plus celui du peuple, de la main-d'œuvre locale, du secteur privé national. Depuis la loi constitutionnelle n°2016-10 du 5 avril 2016 portant révision de la Constitution, nous avons assisté à une constitutionnalisation de nouveaux droits[116]. Dans le sillage des nouveautés ou réformes, c'est en 2019 que la loi relative au contenu local dans le secteur des hydrocarbures a été votée. Ne voulant pas négliger le secteur minier, les autorités sénégalaises ont adopté la loi n°2022-17 du 23 mai 2022 relative au contenu local dans le secteur minier. Il est permis d'affirmer l'existence d'une « frénésie législative » depuis l'adoption de ce texte, traduite par les décrets n°2023-990 portant organisation et fonctionnement du Comité national de suivi du Contenu local dans le secteur des Hydrocarbures et des mines, n°2023-991 fixant les modalités d'alimentation et de fonctionnement du Fonds d'Appui au Développement du Contenu local dans les secteurs des hydrocarbures et des mines (FADCL) du 4 mai 2023, du décret n°2023-979 du 4 mai 2023 fixant les modalités de la fourniture locale, des biens et services dans le secteur minier. En plus de ces décrets, nous pouvons citer l'arrêté n°008 du 03 janvier 2024 fixant la liste et les proportions

[116] LECOR Fatou Faye, « Les nouveaux droits dans la Constitution du Sénégal », *in* Discours d'usage, Audience solennelle des Cours et tribunaux, 2016-2017, pp.1-17.

des biens et services fournis par les entreprises locales dans le secteur minier, la directive n°01/2024/CNSCL/MINES portant sur la procédure de sanction des manquements aux exigences de contenu local et les lignes directrices n°001/2024/CNSCL-MINES portant organisation et fonctionnement de la plateforme électronique adoptées à la session du 17 janvier 2024, les lignes directrices n°002/2024/CNSCL-MINES précisant les exigences de contenu local et le mode de soumission des plans de contenu local adoptées à la session du 17 janvier 2024.

Si l'objectif de rééquilibrage de la relation contractuelle État et investisseur est primordial, il n'empêche pas l'existence d'autres objectifs.

II - Un objectif concurrencé en raison d'un changement de paradigme

37. Le changement de paradigme s'opère par la constitutionnalisation des nouveaux droits (A), la promotion et le développement du contenu local (B).

A - La constitutionnalisation des nouveaux droits

38. Parmi les nouveaux droits consacrés par la loi constitutionnelle n° 2016-10 du 05 avril 2016 portant révision de la Constitution, il y a le droit des citoyens sur leurs ressources naturelles (**Désormais, l'État n'est qu'un gestionnaire des ressources naturelles. Dans tous les cas, l'exploitation et la gestion doivent se faire dans la transparence, générer une croissance économique, promouvoir le bien-être de la population et être écologiquement durable[117])** et le droit à un environnement sain[118]. La fondamentalisation du droit à un environnement sain rentre en droite ligne de la protection de l'environnement. Ceci n'a rien d'étonnant vu que dans le décret n°2022-1799 relatif aux attributions du Ministre du Pétrole et des Énergies du 26 septembre 2022, la prise en compte de la transition écologique constituait déjà une réalité. Dans tous les cas, aux termes de

[117] Article 25-1 issu de la loi constitutionnelle n°2016-10 du 05 avril 2016 portant révision de la Constitution.

[118] Article 25-2 issu de la loi constitutionnelle n°2016-10 du 05 avril 2016 portant révision de la Constitution.

l'article 4 de la loi n°2023-15 du 2 août 2023 portant Code de l'environnement, l'environnement est un bien commun, patrimoine national au service de la vie. Toujours selon cette disposition, toute personne a droit à un environnement sain conformément à la Constitution et dans les conditions fixées par les accords internationaux auxquels le Sénégal est Partie, le présent Code et les autres lois et règlements en vigueur.

Au-delà des droits constitutionnels qualifiés de nouveaux, il y a la promotion et le développement du contenu local.

B - Promotion et développement du contenu local

39. La loi n°2019-04 du 1er février 2019 relative au contenu local dans le secteur des hydrocarbures adoptée en vue de promouvoir le secteur privé national et la main-d'œuvre locale a consacré un certain nombre de principes dont la préférence nationale en matière de fourniture de biens et services[119], la priorité d'embauche du personnel sénégalais ayant les mêmes compétences que les étrangers. La valorisation de ce capital humain passera entre autres par la formation, le transfert de technologies, de savoir-faire, la promotion de la recherche-développement. Suivant l'article 6 de la loi précitée, ces trois derniers mécanismes de valorisation figurent parmi les axes du plan de contenu local établi par les contractants, sous-traitants, prestataires de services et fournisseurs soumis au CNSCL. C'est cette dernière institution qui doit rédiger un plan stratégique de transfert de technologies, de compétences et de recherche[120]. Faisons remarquer que la société étrangère intervenant dans le régime mixte est soumis aux obligations de transfert de compétences, de technologies et de savoir-faire conformément aux conditions et modalités décrites par le CNSCL[121].

---

[119] Dans le secteur minier, les biens ont donné lieu à une définition. Il s'agit, selon le Décret n°2023-979 du 04 mai 2023 fixant les modalités de la fourniture locale, des biens et services dans le secteur minier d'équipements consommables et produits entrant dans l'utilisation ou la consommation.

[120] Article 9 de la loi n°2019-04 du 1er février 2019 relative au contenu local dans le secteur des hydrocarbures.

[121] Article 8 du décret n°2020-2065 fixant les modalités de participation des investisseurs sénégalais dans les entreprises intervenant dans les activités pétrolières et gazières et classement des activités de l'amont pétrolier et gazier dans les régimes exclusif, mixte et non exclusif.

QUEL CONTRAT DANS LE SECTEUR DES HYDROCARBURES ?

Bibliographie

Capital humain pour les industries du pétrole, du gaz et des minéraux, Sciences, technologie et compétences pour le développement de l'Afrique, Mars 2014, www.efaidnbmnnnibpcajpcglclefindmkaj/https://documents1.worldbank.org/curated/ru/247641468211806304/pdf/857140BRI0FREN00Box382147B00PUBLIC0.pdf, consulté le 07 mars 2025

CHENARD (Ph), « Trois types de capital humain, une même croissance des revenus » ?,, www.efaidnbmnnnibpcajpcglclefindmkaj/https://idjs.ca/images/rcsr/archives/V32N3-Chenard.pdf, consulté le 07 mars 2025

Centre pour la recherche et l'innovation dans l'enseignement, *L'investissement dans le capital humain*,www.oecd.org/content/dam/oecd/fr/publications/reports/1998/04/human-capital-investment_g1gh2633/9789264262898-fr.pdf, consulté le 07 mars 2025

DIA (A.-A), *Education, capital humain et dynamique économique : analyse à partir du secteur industriel sénégalais*, Thèse, 2005, 472 pages

LEJECOS, 2023, Hors série spécial *Capital humain*, 2023, pp.3-129

MILL (R), WURZBURG (G), « Investir dans le capital humain », *in* Mesurer le capital humain, L'observateur de l'OCDE, n°193, avril-mai 1995, pp.16-19

NEEJARI (I), ABDELHAI (S), LEBZAR (B), « Mesurer le capital humain : dimensions et méthodes alternatives », Revue de publicité et de communication marketing, n°2, 2020, pp.1-18.

N'DIAYE (C.A.W), « Le capital humain dans l'Acte uniforme relatif au droit des sociétés commerciales et du groupement d'intérêt économique », Annales africaines, Vol 2, 2014, pp.23-43

POULAIN (E), « Le capital humain, d'une conception substantielle à un modèle représentationnel », Revue économique, 2001, Volume 52, n°1, pp.91-116

40. La réponse à cette question peut sembler évidente dans la mesure où il suffit tout simplement d'examiner la loi n°2019-03 du 1er février 2019 portant Code pétrolier pour connaître les différents contrats prévus. C'est dire que ceux-ci sont certes nombreux, mais le législateur sénégalais semble privilégier une catégorie au détriment d'une autre[122]. C'est le cas du contrat de partage de production et du contrat de cession de contrat[123]. Cette option législative peut se justifier par le changement de paradigme amorcé depuis 2016 et traduit par l'appartenance des ressources naturelles au peuple et de façon subséquente, la non-consécration expresse, dans le Code pétrolier de 2019, du contrat de concession.

PAYS OÙ IL EXISTE TROIS TYPES DE CONTRATS D'HYDROCARBURES : contrat de partage de production, contrat de services à risques, contrat de concession.	**PAYS OÙ IL EXISTE DEUX TYPES DE CONTRATS D'HYDROCARBURES** : contrat de partage de production, contrat de services
La Côte d'Ivoire : Article 1er ordonnance ivoirienne n°2012-369 en date du 18 avril 2012 modifiant la loi n°99-669 du 29 août 1996 portant code pétrolier	Le Congo Brazzaville (Article 3 de la loi n°28-2016 du 12 octobre 2016 portant code des hydrocarbures)
Le Cameroun (Article 2 de la loi camerounaise n°2019/008 du 25 avril 2019 portant Code	Le Sénégal (Article 2 de la loi n°2019-03 du 1er février 2019 portant Code pétrolier[124])

[122] L'article 43 de la loi n°2019-03 du 1er février 2019 portant Code pétrolier prévoit que dans le cadre de protocoles ou d'accords, le titulaire de contrat pétrolier peut s'associer à des entreprises. De même, en respectant ses obligations en matière de contenu local, le titulaire de contrat pétrolier ainsi que les entreprises travaillant pour leur compte doivent conclure des contrats de travail, de construction, d'approvisionnement ou de prestation de services, de transfert de technologie et de dépôt pour réhabiliter et restaurer des sites. On peut déceler à travers cette disposition, l'existence de plusieurs figures contractuelles dans le secteur des hydrocarbures. Il existe au Sénégal, un modèle d'accord d'association entre la PETROSEN et l'investisseur.

[123] On parle aussi de cession de droits, obligations ou d'intérêts.

[124] La loi n°98-05 du 8 janvier 1998 portant Code pétrolier prévoit la concession d'exploitation d'hydrocarbures aux articles 2, 5, 23 par exemple.

pétrolier et article 2 du décret n°2023/232 du 4 mai 2023 fixant les modalités d'application de la loi n°2019/008 du 25 avril 2019 portant Code pétrolier)	
	La RDC (Article 2 loi n° 15/012 du 1 er août 2015 portant régime général des hydrocarbures. **NB/ En RDC, le contrat de service peut prendre la forme d'un contrat de service à risques ou d'un contrat d'assistance technique[125].**

41. Les hydrocarbures sont définis comme des composés organiques hydrocarbonés liquides, gazeux ou solides existant à l'état naturel dans le sol et sous-sol, susceptibles d'être exploités par des techniques propres à l'industrie pétrolière et gazière ainsi que tous les produits extraits en association avec ces composés[126].

La question centrale de la présente communication est afférente à l'absence d'homogénéité du régime juridique du contrat prévu dans le Code pétrolier et les textes subséquents.

42. Cette réflexion vient à son heure dans la mesure où l'actualité est à la discussion sur une possible renégociation des contrats pétroliers ainsi que les risques y afférents. Il serait judicieux et indiqué de voir quel modèle contractuel correspondrait le mieux aux intérêts du peuple d'autant que les ressources naturelles demeurent sa propriété[127] et que les recettes d'hydrocarbures constituent un patrimoine commun[128]. Au-

[125] V. Article 48 et s loi n°15/012 du 1er août 2015 portant régime général des hydrocarbures.

[126] Article 2 de la loi n°2019-03 du 1er février 2019 portant Code pétrolier du Sénégal (2019), Article 3 loi n°28-2016 du 12 octobre 2016 portant code des hydrocarbures.

[127] Article 25-1 issu de la loi constitutionnelle n°2016-10 du 05 avril 2016 portant révision de la Constitution.

[128] Exposé des motifs de la loi n°2022-09 du 19 avril 2022 relative à la répartition et à l'encadrement de la gestion des recettes issues de l'exploitation des hydrocarbures.

delà, remarquons que si dans la loi n°2019-03 du 1er février 2019 portant Code pétrolier il n'est pas fait cas du contrat de concession, lequel est très controversé en raison de la titularité de la propriété[129], il n'en demeure pas moins vrai que tous les contrats pétroliers et gaziers en vigueur au Sénégal, à savoir les contrats de recherche de partage de production[130], sont régis par la loi n°98-05 du 8 janvier 1998 portant Code pétrolier, d'où l'utilité des dispositions transitoires insérées dans le Code pétrolier de 2019[131]. Dans tous les cas, un examen du site internet de l'ITIE et du cadastre pétrolier permet respectivement de conforter notre opinion quant à la nature des contrats et les différents intérêts étrangers défendus au Sénégal. Il s'agit entre autres des intérêts américains (KOSMOS ENERGY, FORTESA), londonien (BP), nigérian (Oranto Petroleum), français (TOTAL E and P), coréen (KNOCC ou Korea National Oil Corporation), australien (Woodside).

Tableau des pays où la renégociation des contrats d'hydrocarbures est prévue

PAYS	Articles	Lois
GABON	**Article 45**	Loi n°002/2019 du 16 juillet 2019 portant réglementation du secteur des hydrocarbures en République Gabonaise
CONGO BRAZAVILLE	**Article 152**	Loi n°2016-28 du 12 octobre 2016 portant Code des hydrocarbures
SENEGAL	**Article 35 CRPP**	

[129] Aux termes de l'article 30 de la loi n°98-05 du 8 janvier 1998 portant Code pétrolier : « *Le titulaire d'une concession d'exploitation acquiert la propriété des hydrocarbures produits en tête de puits* ».

[130] Les contrats d'exploitation des blocs de Diender Gadiaga (*onshore*) et Diender Sadiaratou attribués à Fortesa en association avec PETROSEN sont arrivés à expiration.

[131] Article 73 : «A la date d'entrée en vigueur de ce présent Code, les contrats pétroliers antérieurement conclus restent valables et conservent leur régime juridique».

43-Comme annoncé ci-dessus, il existe en droit sénégalais des hydrocarbures, des contrats au régime juridique complet (I) d'une part et des contrats faisant intervenir la liberté des parties d'autre part (II).

I - Les contrats au régime juridique complet

44-Il s'agit du contrat de cession (A) et du contrat de partage de production ou CPP (B).

A - Le contrat de cession

45-Le régime juridique du contrat de cession, quoique complet, est éclaté entre le Code pétrolier[132] et son décret d'application[133]. Dans le premier instrument juridique précité, le contrat de cession a pour siège les articles 61 et 62. Ainsi, on cède des titres miniers d'hydrocarbures à une personne morale qui dispose des capacités techniques et financières pour mener à bien les opérations pétrolières. C'est cela la condition de fond. Comme condition de forme, nous avons la transmission des actes de cession ou de transfert des titres miniers au Ministre chargé des hydrocarbures pour approbation. Dans le décret d'application du Code pétrolier, l'appréhension du contrat de cession nécessite l'examen de l'article 47. Ainsi, la cession de droits et obligations résultant d'un titre minier d'hydrocarbures ou d'un contrat pétrolier se fait après approbation du Ministre chargé des hydrocarbures. Le titulaire du titre ou du contrat adresse une demande d'approbation au Ministre chargé des hydrocarbures. Cette demande est accompagnée des renseignements visés à l'article 17 du décret[134] concernant les cessionnaires proposés. Ils sont complétés par des informations suivantes :

-l'offre de bonne foi ;

-le projet d'acte de cession conclu entre le cessionnaire et le cédant ;

-tout accord, convenu ou à convenir, directement ou indirectement lié à la cession ;

[132] Loi n°2019-03 du 1er février 2019 portant Code pétrolier.

[133] Décret n°2020-2061 du 27 octobre 2020 fixant les modalités d'application de la loi n°2019-03 du 1er février 2019 portant Code pétrolier.

[134] Ce texte traite du contenu de la demande d'autorisation d'exploration.

-tous documents ou informations jugés utiles par le Ministre chargé des hydrocarbures.

Pour rappel un arrêté du Ministre chargé des hydrocarbures en date du 2 octobre 2020 a approuvé la cession de 20% des droits, obligations et intérêts détenus par Total E and P à la société Korea National Oil Corporation (KNOC). De même, un arrêté du 2 avril 2020 a approuvé la cession de 15% des droits, obligations et intérêts détenus par FAR (First Australian Ressources Limited) à sa société affiliée FAR Sénégal RSSD SA. Enfin, un arrêté du Ministre en charge des hydrocarbures a approuvé le 18 novembre 2020, une cession totale de droits, obligations et intérêts détenus par Capricorn Sénégal Limited, filiale de Cairn Energy à la société Woodside Energy Sénégal B.V.

Le contrat de partage de production (CPP) constitue, à côté du contrat de cession, un contrat au régime juridique complet.

B - Le contrat de partage de production ou CPP

46-Le contrat de partage de production est un contrat dont le régime juridique est prévu aussi bien par la loi n°2019-03 du 1er février 2019 portant Code pétrolier que par le décret 2020-2061 du 27 octobre 2020 fixant les modalités d'application de ladite loi. Nous examinerons le contenu (1) ainsi que la procédure de conclusion dudit contrat (2).

1 - Le contenu du contrat

47-Précisons d'abord que le CPP peut être conclu aussi bien pour **l'exploration** que pour **l'exploitation** des hydrocarbures[135]. Il fixe les droits et obligations des parties et définit notamment :

- a) les obligations de travaux pour chacune des périodes d'exploration avec les garanties correspondantes ;
- b) les conditions dans lesquelles s'effectuent l'exploration et l'exploitation ;
- c) les dispositions relatives à l'annulation de l'autorisation d'exploration ou au retrait d'une autorisation d'exploitation ;
- d) les dispositions financières, fiscales et douanières ;

---

[135] Article 20 de la loi n°2019-03 du 1er février 2019 portant Code pétrolier.

- e) les obligations relatives à la formation et à l'emploi de la main-d'œuvre locale ;
- f) les règles relatives à la cession ou au transfert des droits et obligations du titulaire ;
- g) les dispositions relatives à la participation de l'État ou de la société pétrolière nationale, à tout ou partie des opérations pétrolières ;
- h) les dispositions relatives à la communication et à la transmission au Ministre chargé des Hydrocarbures des informations, documents et échantillons relatifs aux opérations pétrolières ;
- i) le cas échéant, la procédure de règlement des différends destinée à résoudre les litiges qui pourraient naître de l'application du contrat de partage de production ;
- j) les règles relatives au transfert des biens et installations fixes à l'expiration du contrat de partage de production ;
- k) l'obligation de réaliser une étude d'impact environnemental et social.

48-Un petit commentaire. Le retrait de l'exploration[136], d'exploitation provisoire[137] sont possibles. Quant à l'annulation, elle semble être l'affaire des parties. De même, dans le CPP, au point g, on distingue bien la part de l'État de celle de PETROSEN.

2 - La procédure

49-La procédure de conclusion du CPP est prévue aussi bien dans le Code pétrolier que dans son décret d'application.

Elle se déroule comme suit :

-Appel d'offre ou consultation directe en cas d'offre spontanée jugée recevable, d'appels d'offres infructueux, ou pour des raisons stratégiques ou d'intérêt national;

---

[136] Article 22 de la loi n°2019-03 du 1er février 2019 portant Code pétrolier notamment si durant la période initiale, le titulaire n'a pas réalisé un programme minimum de travaux d'exploration.

[137] Article 27 de la loi n°2019-03 du 1er février 2019 portant Code pétrolier notamment lorsqu'on ne réalise pas des travaux d'évaluation d'un gisement commercialement exploitable. Voir également les articles 51 et 52 du décret d'application du Code pétrolier de 2019.

-Négociation (intervention de la commission d'examen et de négociation des contrats pétroliers) ;

-Transmission du contrat par le Ministre en charge des hydrocarbures du CPP au Ministre chargé des finances pour avis sur les dispositions financières, fiscales et douanières ;

-Signature du CPP par le Ministre en charge des hydrocarbures, la société pétrolière nationale et le ou les demandeurs de l'autorisation d'exploration d'hydrocarbures (d'ailleurs pourquoi seule l'exploration est-elle visée ? Dans tous les cas, dans le décret d'application du code pétrolier on parle de « société pétrolière privée demanderesse ») ;

-L'approbation du CPP[138]

-La publication du CPP ;

-Enregistrement et répertoriage dans le registre spécial des hydrocarbures[139]

50. La deuxième catégorie de contrats en vigueur dans le secteur des hydrocarbures a trait aux contrats faisant intervenir la liberté des parties.

II - Les contrats faisant intervenir la liberté des parties

51-Il s'agit aussi bien des contrats liés (A) que ceux étrangers à l'objet social des compagnies pétrolière et gazière (B).

A - Les contrats liés à l'objet social des compagnies pétrolière et gazière

52-Il s'agit du contrat de :

-*joint-venture* (société de droit sénégalais constituée entre une entreprise étrangère et une entreprise sénégalaise) ou de *consortium*. Ces deux catégories de contrats sont obligatoires dans le régime

[138] C'est au sens de l'article 8 du décret d'application du Code pétrolier, la phase d'entrée en vigueur du contrat.

[139] Article 8 du décret d'application du Code pétrolier

mixte[140]. Pour faciliter leur constitution, le CNSCL a édicté des lignes directrices[141].

-contrat de travail (obligation de contenu local)[142] ;

-association (la PETROSEN peut faire seule des opérations pétrolières ou en association avec des tiers dans le cadre d'un contrat de services[143]. Comme précisé, il s'agit d'un modèle de contrat prévu par les autorités sénégalaises et consultable en ligne.

53. La sous-traitance est-elle une activité pétrolière ? Le sous-traitant est défini à l'article 2 du décret n°2023-990 du 4 mai 2023 portant organisation et fonctionnement du CNSCL dans le secteur des hydrocarbures et des mines comme : « *toute personne physique ou morale exécutant un travail qui s'inscrit dans le cadre des activités principales du titulaire du titre minier* ». En l'espèce, doit-on donner crédit au législateur sénégalais qui ne parle que de « titre minier » ? Au regard des finalités du décret cité plus haut[144] et des missions du CNSCL[145], nous ne pouvons que répondre par l'affirmative en disant

---

[140] Article 5 du décret n°2020-2065 du 28 octobre 2020 fixant les modalités de participation des investisseurs sénégalais dans les entreprises intervenant dans les activités pétrolières et gazières et classement des activités de l'amont pétrolier et gazier dans les régimes exclusif, mixte et non exclusif.

[141] V. Les lignes directrices portant modalités de constitution d'associations entre une entreprise étrangère et une entreprise locale dans le régime mixte de juin 2022.

[142] En tout cas, dans le secteur minier, l'article 93 du Règlement n°02/2023/CM/UEMOA du 16 juin 2023 portant Code minier communautaire impose aux titulaires de permis minier ou d'autorisation, aux fournisseurs, sous-traitants de se conformer aux normes du droit du travail dans chaque Etat membre.

[143] Article 8 de la loi n°2019-03 du 1er février 2019 portant Code pétrolier. V.Le contrat d'association dans les article 8, 104, 133 du Code pétrolier camerounais.

[144] Article 1er du décret n°2023-990 du 4 mai 2023 portant organisation et fonctionnement du CNSCL dans le secteur des hydrocarbures et des mines.

[145] Article 3 du décret n°2023-990 du 4 mai 2023 portant organisation et fonctionnement du CNSCL dans le secteur des hydrocarbures et des mines.

que par « titre minier », on entend aussi bien les titres miniers d'hydrocarbures[146], que le titre minier *stricto sensu*[147].

Dans tous les cas, c'est en parlant du sous-traitant de rang 1 et 2 que la matière pétrolière et gazière apparaît expressément. En effet, le sous-traitant de rang 1 est toute entreprise ou *consortium* d'entreprise à qui le contractant donne un **contrat de fourniture de biens, de services** ou de construction pour réaliser un ou plusieurs projets pétroliers ou gaziers au Sénégal.

Cependant, le régime juridique de la sous-traitance est lacunaire car naviguant entre clarté et flou. D'abord précisons que l'article 67 du Code pétrolier interdisant le conflit d'intérêts parle de « toute société de sous-traitance ». Ce qui est certain c'est que l'on sait que le sous-traitant peut être une entreprise étrangère[148], nationale, qu'il doit créer une société de droit sénégalais s'il est étranger, s'inscrire sur la plateforme électronique de mise en relation, proposer un plan de succession s'il est étranger. Cependant, le flou demeure quant au contenu de ce plan de succession[149]. Or, dans un pays pétrolier comme le Congo[150], on sait quelles sont les seules sociétés autorisées à faire de la sous-traitance. Il s'agit des :

---

[146] Le titre minier d'hydrocarbures, au sens de l'article 2 de la loi n°2019-03 du 1er février 2019 portant Code pétrolier est soit une autorisation d'exploration, soit une autorisation d'exploitation octroyée par l'Etat. Il est délivré exclusivement aux personnes morales justifiant de capacités techniques et financières requises (article 10 du Code pétrolier). Il se distingue de l'autorisation de prospection d'autant que celle-ci ne peut être délivrée sur une zone faisant l'objet d'un titre minier d'hydrocarbures mais plutôt sur des zones non couvertes par celui-ci (article 15 alinéa 1er et *in fine* du Code pétrolier de 2019).

[147] Aux termes de l'article 1er de la loi n°2016-32 du 8 novembre 2016 portant Code minier, le titre minier est une autorisation et permis ayant trait à la prospection, à la recherche et à l'exploitation de substances minérales.

[148] Article 30 décret 2023-990 du 04 mai 2023 portant organisation et fonctionnement du CNSCL dans le secteur des hydrocarbures et des mines.

[149] Article 30 décret n°2023-990 du 4 mai 2023 portant organisation et fonctionnement du CNSCL dans le secteur des hydrocarbures et des mines. Ici, le législateur parle certes de durée maximale, sans plus. Malheureusement le contenu des lignes directrices n°002/2024/CNSCL-MINES précisant les exigences de contenu local et le mode de soumission des plans de contenu local ne nous seront d'aucune aide, puisque même si la durée du plan de succession figure parmi les mentions du plan de contenu local, elle n'est toujours pas spécifiée.

[150] Décret n° 2019-342 du 15 novembre 2019 fixant les conditions et modalités d'exercice de la sous-traitance dans le secteur pétrolier amont en République du Congo.

-entreprises nationales publiques ou privées ;

-entreprises à capitaux étrangers installées au Congo, ayant ouvert aux Congolais au moins 30% de leur capital social ;

-entreprises étrangères exerçant en joint-venture avec les sociétés privées nationales ;

-entreprises étrangères en régime d'autorisation temporaire d'exercer (ATE), de succursale ou bénéficiant d'une dispense d'apport délivré par le ministère en charge du commerce, dans la limite de 6 ans cumulés).

De même, l'article 4 du décret n°2019-342 du 15 novembre 2019 cite les sociétés prioritaires dans les activités de sous-traitance (les entreprises de droit congolais promues et dirigées par les Congolais et dont le personnel d'exécution, technique et d'encadrement est constitué d'au moins 60% de Congolais). On connaît également le pourcentage (au moins 30%) de la participation des Congolais dans le capital des sociétés sous-traitantes.

Enfin, l'exercice d'une activité de sous-traitance est soumis à un agrément du Ministre en charge des hydrocarbures.

En plus des contrats liés à l'objet social, il y en a d'autres qui ne sont pas liés audit objet.

B - Les contrats non liés à l'objet social des compagnies pétrolière et gazière

54-Il s'agit du contrat de prestation ou de fourniture des biens et services. En la matière, le législateur sénégalais navigue dans le clair-obscur (1). Un examen des textes congolais pourrait permettre d'y remédier (2). Enfin, il est permis de se demander s'il y a lieu d'assimiler la sous-traitance à la fourniture de biens et services (3).

1 - Entre clarté et flou

L'article 58 de la loi n°2019-03 du 1er février 2019 portant Code pétrolier fait obligation au titulaire de contrat pétrolier d'accorder la préférence aux entreprises sénégalaises pour les contrats de constructions, d'approvisionnement ou de prestation de service. Le législateur sénégalais, à l'article précité, dans le décret 2023-990 du 4 mai 2023 portant organisation et fonctionnement du CNSCL dans le secteur des hydrocarbures et des mines parle de « prestation de service[151]» en définissant, pour le dernier texte précité, le fournisseur certes mais sans le définir encore moins prévoir un régime juridique homogène. Tout ce que l'on sait c'est que les activités de prestation de service sont réservées aux entreprises sénégalaises en vertu du principe de la préférence nationale. De même, la procédure d'acquisition des biens et services est soumise à l'appel à concurrence. Mais pour plus de clarté, le droit congolais serait d'un appui.

2 - S'inspirer du droit congolais

55. Il s'agit du Décret n° 2019-343 du 15 novembre 2019 fixant les conditions et modalités d'exercice de la prestation de service dans le secteur pétrolier amont en République du Congo.

Au Congo, la prestation de service est un contrat par lequel une entreprise s'engage à fournir un **service non pétrolier** à la société du secteur amont pétrolier moyennant une rémunération. Le service non pétrolier est un service qui ne concourt pas à la réalisation de l'objet social de la société du secteur amont pétrolier. Pour exercer une prestation de service dans le secteur pétrolier amont, il faut une autorisation dont [152]la durée de validité est de 2 ans renouvelable pour une durée d'un an[153].

[151] Dans le secteur minier, le Ministre des mines et de la géologie d'antan, avait pris, le 3 janvier 2024, un arrêté pour fixer la liste et les proportions des biens et services fournis par les entreprises locales dans ledit secteur. De même, le décret n°2023-979 du 4 mai 2023 fixant les modalités de la fourniture locale, des biens et services dans le secteur minier donne une définition des biens d'une part et des services d'autre part. Il s'agit respectivement des équipements consommables, produits entrant dans l'utilisation ou la consommation et des prestations fournies par des personnes morales, qui requièrent des compétences ou des ressources techniques ou intellectuelles.

[152] Article 9 Décret n° 2019-343 du 15 novembre 2019 fixant les conditions et modalités d'exercice de la prestation de service dans le secteur pétrolier amont en République du Congo.

[153] Article 10 Décret n° 2019-343 du 15 novembre 2019 fixant les conditions et modalités d'exercice de la prestation de service dans le secteur pétrolier amont en République du Congo.

3 - Identité d'activités entre le sous-traitant et le fournisseur ?

56. Aux termes de l'article 2 du décret n°2023-990 est fournisseur toute personne physique ou morale qui se limite à livrer des biens ou des services au titulaire d'un **titre minier sans accomplir un acte de production ou de prestation de services se rattachant aux activités principales du titulaire du titre minier.** Sur le principe, les activités de sous-traitance et de fourniture de biens et services sont indépendantes l'une de l'autre[154]. Mais à la décharge du législateur sénégalais, nous pouvons affirmer, au regard du droit des hydrocarbures de la RDC qu'il n'y a pas d'antinomie entre ces deux activités. En effet, au sens de l'article 2 de la loi portant régime des hydrocarbures, le sous-traitant est : « *toute personne physique ou morale fournissant du matériel ou effectuant des travaux* ***et/ou prestations de services*** *nécessaires pour le compte du contractant, dans le cadre de ses activités ; ces travaux incluant notamment la construction des infrastructures industrielles, administratives, socioculturelles autres nécessaires au projet* ».

[154] Si tel est le cas, pourquoi alors l'article 49 de la loi n°2019-03 du 1er février 2019 portant Code pétrolier parle, à propos des sous-traitants de « réalisation de prestations » ?

LA GESTION DES RISQUES DES CONTRATS D'INVESTISSEMENT

Bibliographie indicative

BAZELAIS (K), DUNHAM (Ph), POLONI (F), « Rapport statistique 2023 de la chambre de commerce internationale : la résurgence de l'arbitrage international », Gazette du Palais, n°33, 2024, pp.13-14

BELKACEM Khadija, « Le code des investissements privés en Algérie », Revue Juridique et politique Indépendance et coopération, n°3, Juillet-Septembre 1972, pp.299-332

DOWNE (A), *La gestion des risques contractuels par le contrat, Etude du droit français à la lumière du droit anglais*, Presses universitaires Toulouse 1 Capitole, 2020, collection des thèses de l'IFR, 811 pages

MEKKI (M),

-« Le nouvel essor du concept de clause contractuelle (1re partie) », RDC, 2006, n°4, p.1051.

-« Le nouvel essor du concept de clause contractuelle (2de partie) : l'efficacité des clauses contractuelles », RDC, 2007, n°2, p.239

MERCIER (V), « Le rôle des parties prenantes dans l'évolution du droit des sociétés », BJS, 2019, n°11, p.44.

MOISAN (P), « Technique contractuelle et gestion des risques dans les contrats internationaux : les cas de force majeure et d'imprévision », Les Cahiers de Droit, 1994, pp.282-334

MOUSSERON (P), RAYNARD (J), SEUBE (J-B), *Technique contractuelle*, Francis LEFEBVRE, 2017, 454 pages

PAILLUSSEAU Jean , «Le droit est aussi une science d'organisation (et les juristes sont parfois des organisateurs juridiques) », RTDcom, 1989, pp.1 et s

SECK (M.S), « Les innovations majeures du nouveau Code de l'environnement sénégalais », www.ceracle.com/les-innovations-majeures-du-nouveau-code-de-lenvironnement-senegalaise-parmamadou-sall-seck/#:~:text=le%20principe%20de%20la%20hi%C3%A9rarchie,la%20responsabilit%C3%A9%20%C3%A9largie%20des%20producteurs, consulté le 01/04/2025 à 19h 37 mn

TALFI (B), « Nouveaux champs de pratique et droit OHADA : l'arbitrage des investissements », La Lettre juridique n°759 du 25 octobre 2018

57.Parlant de la notion d'action en justice, Serge GUINCHARD disait ceci : «il en est peut-être des concepts comme des enfants dans les familles. Certains sont les bienvenus, aimés, recherchés… et même gâtés dans le sens où l'on gâche. D'autres déplaisent. Tel est semble-t-il le lot malheureux de l'action en justice [155]». *A priori*, le contrat d'investissement[156] rimant avec richesse, développement, croissance, n'entre pas dans cette catégorie de contrats que l'on abhorre. Mais si l'arbitrage d'investissement[157], ayant une base contractuelle, et pour source le contrat d'investissement, a fait l'objet de critique[158] ; si le Droit, matière, discipline ou art selon certains, a été vu comme un risque, d'où la suggestion par certains auteurs que l'on pourrait qualifier d'iconoclastes de l'instrumentaliser[159], pourquoi n'en serait-il pas de même du contrat d'investissement ? En effet, le droit est à la fois une source de risques et un système renfermant de nombreux mécanismes qui permettent d'encadrer ,de réduire, voire de transférer les risques, autrement dit de les gérer[160]. Ces différentes techniques ne doivent pas

[155] GUINCHARD Serge et *alii, Droit processuel,* p.787

[156] V. Loi n°2004-06 du 06 février 2004 portant Code des investissements. Il faut à la vérité de dire que le Code des investissements n'utilise guère le concept de « contrats d'investissements ».

[157] V. TALFI Bachir, « Nouveaux champs de pratique et droit OHADA : l'arbitrage des investissements », La lettre juridique, n°759 du 25 octobre 2018

[158] V. BISSALOUE Sylvie, « La protection des contrats d'investissement privés étrangers en Afrique », *in* L'arbitrage d'investissement international face aux craintes de la société civile, Lamy droit des affaires, 2018, pp.24-28.

[159] V. (Dir)MASSON Antoine, *Stratégies d'instrumentalisation juridique et concurrence*, Larcier, 2013, 365 pages

[160] MASSON Antoine, BOUTHINON-DUMAS Hugues, « L'approche « Law and Management », RTDCom 2011.677. L'auteur met l'accent sur la compliance (attitude conforme au droit).

faire oublier qu'un contrat peut comporter des clauses abusives[161] et partant mettre aux prises une partie forte et faible.

58. Qu'entendre d'ailleurs par contrat d'investissement ? Sur le plan théorique, certains contrats classiques tels que le contrat de société, ont pu recevoir pareille qualification[162]. De cette catégorie de contrat, il ne s'agit point ici ; mais plutôt de contrat d'État, à savoir une convention conclue entre un État souverain et une personne privée ressortissante ou non de son territoire[163]. Dans le projet de code panafricain d'investissement, le « contrat d'État » désigne un contrat conclu entre le gouvernement d'un État membre ou une collectivité territoriale d'une part, et un investisseur d'autre part[164].

59. Au-delà du contrat d'investissement, il y a le concept de risque. Si Christophe Collard s'est posé la question de savoir si le risque juridique existe, Jean-Marc MOUSSERON quant à lui précise que par « risque », il faut entendre, considérée en état d'éventualité au jour de la conclusion du contrat, toute déviation par rapport à la ligne tracée, au projet initial social, économique ou financier dont les parties étaient initialement convenues[165]. C'est donc dire que le risque est un obstacle à l'atteinte d'un objectif. Cette définition s'inscrit en droite ligne de celle proposée dans le Dictionnaire *Le Robert* où le risque a été défini comme l' « *éventualité d'un événement qui peut causer un dommage* ». Au regard de cette définition, plusieurs questions ne manqueront pas d'être soulevées :

-quel est cet événement qui peut causer un dommage ? A qui le dommage est-il causé ?;

-de quel événement s'agit-il ? De violation des règles, du défaut de transparence ?

---

[161] Dans la loi n°2021-25 du 12 avril 2021 sur les prix et la protection du consommateur, il a été créé un observatoire national des Clauses abusives. De plus, on y a consacré la clause abusive, l'abus de faiblesse (article 76)

[162] L'étude de Marina Bertrel avait pour objectif de démontrer que la notion de société est impactée par le développement des montages de capital-investissement. Partant de l'idée selon laquelle, la création d'une société ou d'une entreprise est un investissement, il est permis de retenir que le contrat de société est un contrat d'investissement (V. BERTREL Marina, « La société, « contrat d'investissement » ?, RTD Com. 2013 p.403

[163] BISSALOUE Sylvie, *op.cit.*, p.24.

[164] Projet de Code panafricain d'investissements.

[165] MOUSSERON Jean-Marc, « La gestion des risques par le contrat », RTD civ, 1988, p.484, n°2

-le contrat d'investissement comporte-t-il des risques (risque social et économique, environnemental, de violation des droits de l'homme) ?

60. Pour Franck VERDUN, le risque c'est la rencontre d'un événement et d'une norme juridique, à l'origine de conséquences mesurables (en termes de sanctions, d'obligations de réparer ou de changer). Ainsi, selon cet auteur, seront appréciés le comportement transgressif (violation d'une norme pouvant engendrer une action en responsabilité), le dommage objectif, la norme juridique nouvelle[166]. Enfin, de l'avis de Christophe Collard, le risque juridique résulte de la rencontre entre une norme et un événement, l'un et/ ou l'autre étant frappé (s) d'incertitude[167].

Aussi paradoxal que cela puisse paraître, le contrat d'investissement est à la fois facteur de risque et un acte juridique pouvant gérer le risque. Ainsi, on peut se demander comment les risques engendrés par la conclusion des contrats d'investissement sont-ils gérés et comment ceux-ci anticipent-ils les risques multiformes ?

61.L'étude du présent sujet permet d'appréhender les acteurs qui interviennent dans la gestion des risques en question. Nous dirons qu'il s'agit de l'État, des entreprises bénéficiaires des contrats et des populations locales. En effet, il faut faire remarquer que le droit est de plus en plus perçu par les institutions publiques et privées[168] comme un produit auquel sont appliquées les méthodes du *marketing*, qu'il s'agisse d'études de marchés ou de communication[169]. Ce changement de paradigme doit, entre autres, sa raison d'être à la concurrence normative qui fait rage entre les États ou les organes habilités à édicter des normes. Au-delà, il y a l'intégration de l'approche *Law and management* et *law and economics*[170]. L'approche *Law and management* vise à répondre à

---

166 VERDUN Franck, « Gestion des risques juridiques : quelques propositions méthodologiques » *in* Le risque juridique, Cahiers de droit de l'entreprise, 1, Janvier-Février 2008, pp.47 et s. L'auteur propose une méthodologie de gestion des risques juridiques après avoir défini le risque juridique. Cette méthodologie consiste à identifier, évaluer le risque juridique, estimer le risque juridique, traiter le risque juridique (réduction, élimination).

167 COLLARD Christophe, « Le risque juridique existe-t-il ? Contribution à la définition du risque juridique », *in* Le risque juridique, Dossier, Cahiers de droit de l'entreprise, n°1, Janvier-Février, 2008, p.28

168 Les entreprises veulent des règles adaptées à leurs besoins.

169 DE MONTALIVET Pierre « La « marketisation » du droit réflexions sur la concurrence des droits », Recueil Dalloz, 2013, p.2923.

170 Sur cette distinction, V. MASSON Antoine, BOUTHINON-DUMAS Hugues, « L'approche « Law & Management », RTD com. 2011. 233

la question de savoir comment les entreprises utilisent-elles le droit à leur profit pour en faire un facteur décisif de leur développement. Cette approche diffère de la seconde dont l'objectif est l'évaluation de la performance des normes. Dans le rapport de présentation du Décret n°2014-1653 du 24 décembre 2014 relatif à la médiation et à la conciliation, le pouvoir réglementaire sénégalais entend faire de l'analyse économique du droit un référentiel. Enfin, l'exigence de clarté dans la rédaction du contrat ne doit pas être en reste[171].

Gérer le risque suppose mettre en place des mécanismes, des stratégies, sortes de paravent à toute éventuelle violation de ses droits d'une part (I) et l'offre d'une meilleure sécurité au contrat d'autre part (II).

I - La clause, outil de gestion du risque d'atteinte aux droits économiques et sociaux

62.Aux termes de l'article 8 de la Constitution sénégalaise, la République garantit à tous les citoyens (...) les droits économiques et sociaux. Il s'agit entre autres, du droit à l'éducation, du droit de savoir lire et écrire, du droit de propriété, au travail, à la santé, à un environnement sain. Ces différents droits et libertés varient en fonction des personnes impliquées. Ainsi, si l'investisseur veut se prémunir contre les prérogatives de puissance publique de l'État (A), les parties prenantes au contrat d'investissement quant à elles sont plus intéressées par d'autres droits (B).

A - La neutralisation conventionnelle des prérogatives étatiques

63.L'investisseur cherche à neutraliser les prérogatives de l'État à travers l'insertion dans le contrat d'investissement de clauses d'intangibilité, de stabilisation et des conventions d'arbitrage.

---

[171] CHANTEPIE Gaël, « L'exigence de clarté dans la rédaction de contrat », RDC, 2012, n°3, p.989 ; MEKKI Mustapha, « Le nouvel essor du concept de clause contractuelle (1ere partie) », RDC, 2006, n°4, p.1051.

Les clauses de stabilisation visent à réguler l'aléa de souveraineté de l'État en protégeant l'investisseur étranger contre le changement de législation en cours d'exécution. Pour ce faire, elles « gèlent » la législation du pays hôte à la date de la conclusion du contrat, et peuvent faire obstacle au droit de nationalisation de l'État[172]. Pour autant, tandis que les clauses de stabilisation affectent une compétence générale que l'État tient de sa souveraineté, les clauses d'intangibilité concernent un pouvoir qui ne se déplace qu'à l'intérieur de la sphère contractuelle[173].

Aussi bien dans la loi n°98-05 du 8 janvier 1998 portant Code pétrolier que dans celle n°2019-03 du 1er février 2019 portant Code pétrolier, les clauses de stabilisation sont prévues respectivement aux articles 67[174] et 72 alinéa 2 du Code pétrolier[175]. C'est également le cas dans le Code minier[176].

64. Si dans les contrats administratifs, il est possible d'insérer une clause compromissoire[177] en raison de l'aptitude à compromettre sur les droits dont on a la libre disposition, pourquoi n'en serait-il pas de même dans les contrats d'État ? En effet, les investisseurs préfèrent la plupart du temps recourir à l'arbitrage CIRDI ou CCI[178] et ce, en dépit de l'attractivité recherchée par la CCJA en matière d'arbitrage. Mais avec le Règlement de 2023 portant Code minier communautaire, un tournant

---

172 V. Sentence ARAMCO du 23 août 1958, Gouvernement de l'Arabie Saoudite et Arabian Oil Compagny, (ARAMCO), comm. S. Bastid, AFDI 1961, p. 230, à retrouver égal. *in* rev. crit. DIP 1963, p. 272 ; H. Batiffol, La sentence ARAMCO et le droit international privé, rev. crit. DIP 1963, p. 647 ; Sentence AGIP spa c/ Gouvernement de la République populaire du Congo, rev. crit. DIP 1982, p. 92, note Batiffol.

173 P. Weil, « Les clauses de stabilisation ou d'intangibilité insérées dans les contrats de développement économique », *in* Mélanges Rousseau, 1974, p. 308.

174 Une convention ou un contrat de services peut contenir une clause relative à la stabilité des conditions législatives et réglementaires à la date effective de l'accord.

175 La clause de stabilisation profite à l'investisseur et à l'Etat de requérir soit la non-application des dispositions financièrement aggravantes, soit un ajustement des dispositions contractuelles de nature à rétablir l'équilibre économique initial.

176 Article 27 pour le permis d'exploitation minière et 117 pour la convention minière, textes issus de la loi n°2016-32 du 08 novembre 2016 portant Code minier. V. Article 86 du Règlement n°02.2023.CM.UEMOA portant Code minier communautaire.

177 Article 52 de la loi n°2021-23 du 02 mars 2021 relative aux contrats de partenariat public privé.

178 V. Les CRRP et les conventions minières.

semble se dessiner. De même, certains États dans leurs législations privilégient leurs droits de l'arbitrage ou celui auquel ils ont adhéré.

Au-delà des intérêts des investisseurs, ceux des parties prenantes n'ont pas été oubliés.

B - La prise en compte des intérêts autres que ceux des acteurs traditionnels

65. Il s'agit des intérêts des parties prenantes d'une part et de l'environnement d'autre part. Que revendiquent les populations ? Une équitable répartition de la rente pétrolière d'une part et les incidences environnementales et sociétales des industries extractives positives d'autre part[179]. Au-delà, il y a la recherche d'une main-d'œuvre locale qualifiée et compétitive[180]. Doit-on continuer à accorder du crédit à la loi n°2019-04 du 1er février 2019 relative au contenu local dans le secteur des hydrocarbures et par ricochet dans celui minier surtout qu'elle impose au contractant, sous-traitant et fournisseur et prestataire de services impliqués dans les activités pétrolières et gazières d'établir un plan de contenu local qu'ils soumettent au CNSCL ? Rien ne devrait s'y opposer ou l'empêcher. Dans tous les cas, la définition donnée du contenu local par le législateur ivoirien nous parait meilleure. Il s'agit selon lui du : « développement du tissu économique et des compétences locales en les faisant participer aux activités économiques à travers la création d'emplois durables, la formation professionnelle, la sous-traitance, et l'ouverture du capital aux nationaux[181] ».

66. Il arrive que dans la pratique, l'investisseur et les populations locales concluent un contrat pour régir leurs relations qui par moment peuvent s'avérer être très conflictuels[182]. Ainsi, à côté de l'État et de l'investisseur, figurent les populations riveraines et les organisations de la société civile dans le contentieux arbitral des investissements. D'où l'extension de la clause compromissoire aux riverains parce qu'ils sont

---

179 NGWANZA Achille, « Pratiques contractuelles de l'industrie extractive et participation des riverains aux arbitrages internationaux », AJ contrat 2020. 135.

180 Article 3 de la loi n° 2019-04 du 1er février 2019 relative au contenu local dans le secteur des hydrocarbures

181 Article 1er de l'ordonnance n°2018-646 du 1er Août 2018 portant Code des investissements.

182 Sur les relations conflictuelles, V. Le peuple Ogoni, et le plan de réinstallation du projet TILENGA qui, selon l'association Les Amis de la terre France et autres a porté atteinte aux droits humains et environnementaux.

impliqués dans les contrats extractifs. C'est dire qu'à travers la prise en compte des besoins des populations, s'installe une sorte d'intégration des principes de la démocratie sociale à savoir :

-la croissance (être libéré de la peur et de la misère) ;

-l'équilibre social (droit à l'éducation par exemple) ;

-la durabilité (penser à partir du futur)[183]

67.Les contrats d'État, que l'on veuille ou non sont des contrats standardisés, modélisés. Pour éviter que les juristes ne s'enlisent dans des réflexes de copier/coller, il s'avère nécessaire d'intégrer dans leur cursus de formation initiale et continue la culture organisatrice, chère au professeur Jean Paillusseau.

II - Le nécessaire passage d'une technique contractuelle mécanique à une culture organisatrice

68. La technique contractuelle[184] qui suppose construction demeure en principe antinomique de toute idée d'automaticité. C'est oublier cependant qu'il y a des clauses de style, ou des convention-type dans le secteur des hydrocarbures[185].

Sans remettre en cause les efforts de l'État en termes de sécurisation des contrats pétroliers et gaziers et surtout de leur impact sur l'environnement (A), il nous semble nécessaire de nous orienter vers une culture plus organisatrice (B).

A - L'empreinte indélébile de l'État

69. Depuis 1998, le législateur sénégalais a perçu l'importance de l'étude d'impact environnemental. On peut s'en douter après examen du Code pétrolier de 1998 plus spécifiquement l'article 17 (mesures de

---

[183] Un développement durable est un développement qui pourvoit à la satisfaction des besoins du présent sans courir le risque de priver les générations futures des ressources nécessaires à la satisfaction de leurs propres besoins. V. Economie et démocratie sociale, Manuel de la démocratie sociale 2, p.64 et s

[184] V. MOUSSERON Pierre, RAYNARD Jacques, SEUBE Jean-Baptiste, *Technique contractuelle*, LEFEBVRE, 2017, 454 pages

[185] V. Par exemple l'article 3 du Décret n°98-810 du 6 octobre 1998 pris en application de la loi n°98-05 du 08 janvier 1998 portant Code pétrolier.

garanties de la sécurité et de l'hygiène des employés et des tiers, l'équilibre écologique du milieu, un schéma d'abandon assurant la sauvegarde de l'environnement)[186]. Au-delà, plusieurs dispositions de la loi n°2001-01 du 15 janvier 2001 portant Code de l'environnement et de son Décret d'application[187] traitent de l'étude d'impact environnemental.

Cette loi n°2001-01 du 15 janvier 2001 portant Code de l'environnement a été abrogée par celle n°2023-15 du 2 août 2023 portant Code de l'environnement. L'un des mérites de ce dernier texte précité est d'avoir repris à son compte des définitions telles que le développement durable, le dommage écologique, l'étude d'impact, l'évaluation environnementale[188].

Dans le Code de l'environnement de 2023, le concept d'étude d'impact a fait l'objet d'une définition en ces termes : « étude préalable à la réalisation de projet d'aménagement, d'ouvrage, d'équipement, d'installation ou d'implantation d'unité industrielle, agricole ou autre, permettant d'apprécier les conséquences directes et/ ou indirectes du projet sur les ressources de l'Environnement ». Il s'infère de l'examen de L48 du Code de l'environnement de 2001 abrogé que l'évaluation environnementale, l'étude d'impact sur l'environnement dans laquelle figure la procédure d'audience publique[189], l'évaluation environnementale stratégique, les audits sur l'environnement sont partie intégrante de l'étude d'impact.

Par impact sur l'environnement , les articles R38 et R39 du décret d'application du Code de l'environnement de 2001 entendent :

-les effets sur la santé et le bien-être des populations, les milieux de l'environnement, les écosystèmes

-les effets sur l'agriculture, la pêche et l'habitat ;

-les effets sur le climat et l'atmosphère ;

-les effets sur l'utilisation des ressources naturelles (régénératrices et minérales) ;

---

[186] V. L'article 28 de la loi n°98-05 du 08 janvier 1998 portant Code pétrolier qui dispose que le plan de développement, doit, en outre, contenir une étude d'impact sur l'environnement

[187] Décret n° 2001-282 du 12 avril 2001 portant Code de l'Environnement.

[188] Article L 48 de la loi n°2001-01 du 15 janvier 2001 portant Code de l'environnement (Partie législative). Dans la nouvelle loi de 2023, c'est à l'article 3 que l'évaluation environnementale a été définie.

[189] Article L 52 du Code de l'environnement

-les effets du recyclage et de l'élimination des résidus et des déchets ;

-les aspects connexes tels que la réinstallation des populations, les sites archéologiques, le paysage, les monuments, ainsi que les incidences sociales et les effets en amont, en aval et transfrontaliers.

Le nouveau Code de l'environnement utilise les concepts d' « étude d'impact environnemental et social[190] » ou d' « évaluation environnementale préalable[191] ». C'est certainement pour des besoins d'alignement avec l'article 139 du Règlement n°02/2023/CM/UEMOA portant Code minier communautaire qui fait usage du premier terme cité.

Dans le contrat de partage de production, l'impact environnemental est visé à l'article 20 de la loi n°2019-03 du 1er février 2019 portant Code pétrolier et constitue une obligation à réaliser pour l'investisseur. L'article 33 du même Code dispose que le titulaire du CPP prend toutes les mesures nécessaires à la sauvegarde de l'environnement conformément à l'étude d'impact environnemental et social.

70. A la suite du Décret d'application du Code de l'environnement de 2001, plusieurs arrêtés ont été pris. Il s'agit de :

-l'arrêté ministériel n° 9468 du 28 novembre 2001 réglementant la participation du public aux études d'impact environnemental[192] ;

-l'arrêté ministériel n° 9469 MJEHP-DEEC en date du 28 novembre 2001 portant organisation et fonctionnement du Comité technique **[193]** ;

-l'arrêté ministériel n° 9470 du 28 novembre 2001 fixant les conditions de délivrance du Certificat de Conformité Environnementale ;

---

190 Articles 33 et 34 du Code de l'environnement

191 Article 129 du Code de l'environnement

192 Dans l'étude d'impact environnemental, la participation publique est un élément constitutif. Cette participation obéit à une procédure visée à l'article 1er. Le public participe à toutes les étapes de l'étude d'impact environnemental. Après le cadrage, le comité technique doit informer le public concerné sur l'étude d'impact environnemental en cours, pour lui permettre d'avoir accès à l'information technique, d'exprimer son opinion et de mettre en lumière les valeurs collectives devant être considérées dans la prise de décision.

193 Il est institué conformément à l'article R 43 du décret n° 2001-282 du 12 avril 2001 portant Code de l'Environnement. Sa fonction est d'assurer l'administration et gestion de l'étude d'impact environnemental. Il appuie le Ministère chargé de l'Environnement dans la validation du rapport de l'étude d'impact environnemental.

-l'arrêté ministériel n° 9471 du 28 novembre 2001 spécifiant la teneur des Termes de Référence d'EIE[194] ;

-l'arrêté ministériel n° 9472 du 28 novembre 2001 spécifiant la teneur du rapport EIE.

Deux remarques s'infèrent de l'examen des arrêtés précités :

-l'avancée du législateur sénégalais sur celui communautaire ;

-l'actualité des arrêtés précités.

71. Le législateur sénégalais à l'article 4 du Décret n°2020-2061 du 27 octobre 2020 fixant les modalités d'application de la loi n°2019-03 du 1er février 2019 portant Code pétrolier a prévu la création d'une commission d'examen et de négociation des contrats pétroliers. De façon concrète, la Commission est chargée de :

-procéder à l'évaluation des offres reçues dans le cadre d'une procédure d'appel d'offres ouvert par le Ministre chargé des Hydrocarbures ;

-examiner les demandes de titre minier d'hydrocarbures introduites par des sociétés pétrolières ;

-formuler et d'émettre des avis à l'endroit du Ministre chargé des hydrocarbures dans le cadre de l'examen des offres et de demandes de titre minier d'hydrocarbures ;

-participer à la négociation des Contrats pétroliers ;

-formuler des recommandations sur toutes autres questions soumises à son appréciation par le Ministre chargé des Hydrocarbures, en rapport avec les contrats pétroliers.

72. Pour un juriste qui recherche plus de performance et d'efficacité dans le cadre de son activité, l'empreinte indélébile de l'État dans le secteur extractif ainsi que la maîtrise des clauses de style ou de convention-type ne sauraient suffire. Il lui faudra en plus, adopter une culture organisatrice dont le professeur PAILLUSSEAU s'est fait le chantre.

---

194 Les termes de références doivent contenir les éléments de réponse aux questions suivantes : 3 (une analyse de l'incidence du projet sur les populations locales, notamment en ce qui concerne les questions relatives à la situation spécifique des enfants, des femmes et des hommes, sur les ressources naturelles (air, eau, sol, faune, flore, sur la santé et sur le patrimoine culturel) , 13 (une liste de mesures concernant la protection et/ou la réinstallation des groupes de populations affectées, avec une indication de leurs réactions aux propositions qui leur auront été faites).

B - L'adoption d'une culture organisatrice

74. Le professeur Jean Paillusseau écrivait ceci : « *la finalité d'un contrat n'est pas d'éviter les litiges entre les parties mais d'organiser, de la meilleure manière qu'il est possible, la relation socio-économique qu'elles établissent entre elles* [195]». Avant d'exposer sa méthodologie organisatrice, relevons un petit désaccord avec l'auteur. En effet, un contrat, à travers par exemple des clauses de rencontre peut bien éviter les litiges entre les parties. Cela participe même de sa fonction organisatrice. En clair, les deux finalités dont parle Jean PAILLUSSEAU, loin de s'exclure, ont un lien.

Pour en venir maintenant au contenu de la méthodologie organisatrice, faisons remarquer que celle-ci est composée des éléments ci-après :

1-Que veut-on organiser ou qu'a-t-on organisé ?

2-Quels sont les besoins en organisation juridique ?

3-Quelles sont les contraintes susceptibles d'influencer l'organisation ? (ces contraintes sont psychologiques, culturelles, juridiques, techniques, financières, etc.

4-Quelle est la finalité poursuivie ?

5-Quels sont les objectifs poursuivis ?

6-Solutions proposées pour résoudre les problèmes d'organisation juridique ainsi que leurs choix.

7.Formalisation de l'organisation.

8-Quelle est la logique interne de l'organisation ?

À travers cette méthodologie, Jean Paillusseau veut mettre en évidence une autre vision du droit qui n'est pas que celle de départager les parties en contentieux[196], de dire qui a tort et qui a raison, d'indemniser la victime, de défendre une personne contre l'État. Pour s'en convaincre, la référence à certains ouvrages de droit civil et de droit des affaires nous sera d'une utilité certaine. Ainsi, des auteurs civilistes tels que Marty, Raynaud[197] ont eu à relever le but d'organisation de

[195] PAILLUSSEAU Jean, « Le droit est aussi une science d'organisation (et les juristes sont parfois des organisateurs juridiques) », RTDCom, 1989, p. 32

[196] Pour le Doyen Carbonnier la réalisation du droit est soit contentieuse, soit non contentieuse.

[197] MARTY et RAYNAUD, *Droit civil* Tome 1, Sirey, 1961, p.56, n°36

l'ordre social du droit. Christian Atias n'a pas été en reste[198]. Du côté des juristes d'affaires, nous pouvons citer Claude CHAMPAUD selon qui le droit devient une science d'organisation de l'entreprise et de ses relations[199]. Toujours selon cet auteur, dans la vie des affaires, le droit est une technique de gestion et d'organisation au service des finalités économiques sociales, politiques et culturelles de l'entreprise[200]. En effet, le droit, au-delà de l'organisation, est une science d'organisation et les juristes des organisateurs juridiques[201]. Et pour qu'une institution vive, elle doit être organisée par le droit[202].

---

198 Pour cet auteur, la richesse du droit civil français, c'est aussi cette multitude de procédés disponibles pour organiser les rapports des hommes entre eux ; ATIAS Christian, *Droit civil*, Que sais-je ? cité par PAILLUSSEAU Jean, « Le droit est aussi une science d'organisation », *op.cit.*, p.4.

199 CHAMPAUD Claude, *Le droit des affaires*, Que sais-je ? PUF, 1981, p.52.

200 CHAMPAUD Claude, *op.cit.*, p.63.

201 PAILISSEAU Jean, *op.cit.*, p.5.

202 PAILLUSSEAU Jean, *op.cit.*, p.6.

BONNE GOUVERNANCE ET RESSOURCES NATURELLES (SUBSTANCES MINÉRALES ET D'HYDROCARBURES) EN AFRIQUE : L'EXEMPLE DU SÉNÉGAL

Bibliographie indicative

BEAUMONT (H), « Le pétrole est une carte majeure de puissance », *in* Les chantiers de l'avenir, Géopolitique Africaine, 2015, pp.59-65

SALL (A), « La prospective est-elle possible en Afrique ? », *in* Les chantiers de l'avenir, Géopolitique Africaine, 2015, pp.45-55

SARR (F), « Comment penser autrement l'avenir de l'Afrique », *in* Les chantiers de l'avenir, Géopolitique Africaine, 2015, pp.211-217

75. Une topographie pour commencer. En Afrique, la gouvernance des ressources naturelles constitue un défi pour le développement politique et économique[203] car on note en la matière un certain paradoxe[204] : des pays certes riches en ressources naturelles, mais celles-ci ne profitent pas à tous car il y sévit une extrême pauvreté et parfois des guerres pour le contrôle desdites ressources (pétrole, gaz,

---

[203] *Les capacités de gestion des ressources naturelles des pays de l'Afrique de l'Ouest*, OSIWA, 2008, avant-propos.

[204] Le Président poète Léopold Sédar Senghor l'évoquait dans un de ses discours en ces termes : « *comment expliquer autrement* le paradoxe de ces matières premières, largement détenues par le Tiers-Monde et dont la conjoncture récente démontre combien elles sont indispensables à la prospérité des nations riches, mais qui n'en sont pas moins constamment dévalorisées tant par rapport aux biens d'équipement qu'aux produits primaires que nous importons des pays industriels ? », *in* Conférence des pays en voies de développement sur les matières premières, Dakar, 3-8 février 1975, Les Nouvelles Editions Africaines, 1975, p.7.

minerais solides[205]). Cette situation décrite ci-dessus est due à plusieurs facteurs :

-Pouvoir édifié et maintenu par un gouvernement inopérant et des institutions faibles ;

-La corruption qui mine le système ;

-La soustraction des ressources et revenus publics placés dans les pays occidentaux par des dirigeants corrompus ;

-Des économies extraverties, dysfonctionnelles et incapables de stimuler une base productive nécessaire[206].

Pourtant, au regard de plusieurs facteurs dont le fait que l'Afrique de l'Ouest détienne d'énormes réserves en pétrole et en gaz, de la crise au Moyen Orient[207], du bras de fer entre l'Occident et la Russie (c'est nous qui ajoutons. Selon une étude menée en 2009, la Russie était le deuxième producteur mondial de pétrole[208]), de la dépendance constante au pétrole et au gaz dans le monde entier (d'ici 2030, la demande va atteindre 4900 milliards de mètres cubes[209]), il devrait en être autrement et l'Afrique de l'Ouest aurait dû jouer un rôle stratégique croissant dans l'économie mondiale[210].

Ceci étant précisé, il ne serait pas inintéressant d'identifier à la fois les pays producteurs de pétrole et gaz et ceux qui en demandent. Concernant les premiers, nous pouvons citer naturellement les pays du Moyen Orient (Arabie Saoudite en tête) et de l'Afrique (Ouest et Centrale). Faisons remarquer que les compagnies américaines Exxon, Chevron-Texaco sont présentes dans le Delta du Niger qui regroupe le Nigeria, l'Angola, le Gabon et la Guinée Equatoriale. Lesdites compagnies sont concurrencées par celles chinoises, coréennes et Indiennes). Du côté des demandeurs, nous avons traditionnellement les Occidentaux (Europe, Amérique du Nord). Récemment, les pays

---

205 Heureusement pour cette dernière situation, les principes de Kimberly peuvent aider à y mettre un terme.

206 *Les capacités de gestion des ressources naturelles des pays de l'Afrique de l'Ouest, Ibid.*

207 La conséquence est que l'on cherchera des alternatives à ces différentes sources d'énergie pour satisfaire la demande des pays développés et d'Asie.

208 DUBLOIS Stéphane, « La Russie et ses hydrocarbures : la tactique à court terme aux dépens de la stratégie à long terme ? », Géoéconomie, 2009/1, n°48, pp.67-88

209 V. *Les capacités de gestion des ressources naturelles des pays de l'Afrique de l'Ouest,* OSIWA, p.2)

210 *Les capacités de gestion des ressources naturelles des pays de l'Afrique de l'Ouest, Ibid.*

asiatiques, de l'Europe de l'Est, de l'Amérique Latine entendent s'intéresser à l'Afrique. A ceux-ci, il faut ajouter le Brésil, la Chine (**en 2004, l'Afrique satisfaisait 25% de la demande en pétrole brut de la Chine. Ce pays importe également le pétrole russe**), l'Inde (L'Inde importe également le pétrole brut russe) et la Russie[211].

Au Sénégal, entre 2002 et 2005, les importations de pétrole ont doublé passant de 300 millions de dollars US à plus de 700 millions de dollars US[212]. Celles-ci vont certainement diminuer lorsque le premier baril sera extrait[213]. Dans tous les cas, l'importance du pétrole ne saurait être négligée car comme l'écrivait E.F.Schumacher : « *bien que l'énergie puisse être achetée et vendue comme tout autre produit, elle n'est pas seulement un autre produit », mais la condition préalable à tous les produits , un facteur essentiel aussi important que l'air, l'eau et la terre*[214] ».

76. La bonne gouvernance, on en parle et elle fut à un moment donné une conditionnalité d'aide au développement. Elle n'échappe guère au droit privé (le droit des sociétés commerciales en l'occurrence. Mais force est de préciser que l'article 4 de la loi n°84-09 du 4 janvier 1984 portant création de l'ordre des avocats fait des sociétés nationales et d'économie mixte des personnes morales de droit privé. Dans la loi d'orientation n°2022-08 du 19 avril 2022 relative au secteur parapublic , au suivi du portefeuille de l'État et au contrôle des personnes morales de droit privé bénéficiant du concours financier de la puissance publique, il est rappelé que le droit OHADA s'applique aux sociétés précitées qui sont désormais connues sous l'appellation englobante de « sociétés publiques ») encore moins au droit public. Il faut donc s'intéresser à cette dernière discipline citée pour en cerner les contours. Ainsi, suivant l'article 37 du Protocole additionnel de la CEDEAO A/SP.1/12/01 sur la démocratie et la bonne gouvernance additionnel au protocole relatif au mécanisme de prévention, de gestion, de règlement des conflits, de maintien de la paix et de la sécurité, la bonne gouvernance a pour éléments constitutifs :

---

[211] *Les capacités de gestion des ressources naturelles des pays de l'Afrique de l'Ouest, op.cit.*, XIII.

[212] *Les capacités de gestion des ressources naturelles des pays de l'Afrique de l'Ouest, op.cit.*, p.3

[213] Il l'a d'ailleurs été à partir du 11 juin 2024.

[214] *Les capacités de gestion des ressources naturelles des pays de l'Afrique de l'Ouest, OSIWA op.cit.*, p.5).

-la lutte contre la corruption ;

-la gestion des ressources nationales dans la transparence ;

-répartition équitable des ressources nationales.

Au regard de ces différents éléments, on comprend tout le sens de la loi n°2022-09 du 19 avril 2022 relative à la répartition et à l'encadrement de la gestion des recettes issues de l'exploitation des hydrocarbures qui, dans l'exposé de ses motifs précise que : « *les ressources pétrolières et gazières constituent un patrimoine national* » , de la loi n°2019-04 du 1er février 2019 relative au contenu local dans le secteur des hydrocarbures qui consacre, entre autres comme principe « *l'équité dans le partage des revenus découlant des activités pétrolières et gazières* », de l'adhésion du Sénégal en 2013 à l'Initiative pour la transparence dans les industries extractives[215], du Décret n°2020-791 du 19 mars 2020 relatif au registre des bénéficiaires effectifs.

Une fois les contours du concept tracés, il convient de s'interroger sur le pourquoi voire les avantages de la bonne gouvernance. À lire le protocole additionnel de la CEDEAO précité, on peut affirmer que la bonne gouvernance contribue à la paix[216]. La bonne gouvernance assure la sécurité des investissements, l'inclusion (respect des exigences du contenu local notamment la priorité d'emploi et la préférence nationale concernant les biens et services[217]). Le montant des revenus générés par l'exploitation des ressources naturelles constitue une donne à ne pas

---

[215] Décret n°2013-881 du 20 juin 2013 modifié par le décret par le décret n°2021-1145 du 7 septembre 2021 fixant les règles d'organisation et de fonctionnement du Comité National de l'Initiative pour la transparence dans les Industries Extractives (CN-ITIE).

[216] Aux termes de l'article 25 du protocole additionnel : « Les Etats membres conviennent que la **lutte contre la pauvreté et la promotion du dialogue social sont des facteurs importants de paix** ». Quant à l'article 26 dudit protocole, il précise que : « **Les Etats membres s'engagent à assurer les besoins et services essentiels de leurs populations** ». Enfin, l'article 32 de l'instrument précité énonce que : « **la bonne gouvernance** et la liberté de la presse **sont essentielles pour la préservation de la justice sociale, la prévention des conflits, la sauvegarde de la stabilité politique et de la paix et le renforcement de la démocratie** ».

[217] V. Aussi article 90 du Règlement n°02/2023/ CM/UEMOA du 16 juin 2023 portant Code minier communautaire, la loi n°2019-04 du 1er février 2019 relative au contenu local dans le secteur des hydrocarbures, la loi n°2022-17 du 23 mai 2022 relative au contenu local dans le secteur des mines.

négliger. En effet, au Sénégal, en 2022, les revenus du secteur minier étaient de **235, 71 milliards** contre **203, 01 milliards** en 2021[218].

77. Quant à l'expression ressources naturelles, elle est certes visée à l'article 25-1 de la Constitution[219], 21 de la Charte Africaine des droits de l'homme et des Peuples[220] et 31 du Traité de la CEDEAO révisé[221], mais sans être définie. Dans le rapport d'OSIWA précité, les ressources naturelles ont pu être définies comme un stock de biens physiques qui ne sont pas des biens produits, mais ont de la valeur pour les êtres humains, simplement de par leur existence ou parce qu'ils produisent ou permettent de produire d'autres flux d'avantages et de services[222].

Comment les ressources législatives ont-elles été mobilisées pour rendre réelle la bonne gouvernance ? Telle est la question centrale que l'on pourrait se poser.

78. La présente communication permettra d'appréhender les leviers sur lesquels se sont appuyés les législateurs communautaires et nationaux pour impulser les principes de bonne gouvernance en matière de ressources naturelles. C'est tout le sens de la loi-modèle CEDEAO sur l'exploitation minière et le développement des ressources minérales[223], de la Directive C/DIR 3/05/09 en date du 27 mai 2009 portant sur l'harmonisation des principes directeurs et des politiques dans le secteur minier[224], la Directive n°01/2009/CM/UEMOA portant code de transparence dans la gestion des finances publiques au sein de l'UEMOA du 27 mars 2009[225] transposée par la loi n° 2012-22 du 27 décembre 2012 portant Code de Transparence dans la Gestion des Finances publiques. L'OHADA quant à lui se contente tout simplement

---

218 En 2023, les ressources du secteur minier étaient de 332, 43 milliards selon le Rapport ITIE de la même année.

219 « *Les ressources naturelles appartiennent au Peuple* ».

220 Ce texte utilise tantôt l'expression « *ressources naturelles* », tantôt celle de « *ressources nationales* ».

221 Dans cette disposition, on parle tantôt de « *ressources naturelles* » à savoir par exemple les ressources minérales, halieutiques, tantôt de « *matières premières* ».

222 *Les capacités de gestion des ressources naturelles des pays de l'Afrique de l'Ouest*, *op.cit.*, p.7.

223 Dans le préambule de cette loi-modèle, il est dit que les Etats membres de la CEDEAO « **reconnaissent la nécessité de promouvoir la transparence et la responsabilité dans le secteur des ressources minérales** ».

224 Article 13 intitulé « **Transparence, bonne gouvernance et accès du public aux informations** ».

225 Dans le préambule de ce Code, il est dit ceci : « *l'argent public est au cœur de l'Etat de droit et de la démocratie* ».

de ranger l'exploitation minière parmi les actes de commerce par nature[226].

Seulement, il s'avère nécessaire de procéder à une harmonisation des textes vu que l'article 3 de la Directive C/DIR 3/05/09 fait de l'État le propriétaire des substances minérales, de même que l'article 4 du Règlement n°02/2023/CM/UEMOA du 16 juin 2023 portant code minier communautaire alors que l'article 25-1 de la Constitution sénégalaise véhicule une idée contraire.

En réponse à l'interrogation principale, nous dirons que le législateur sénégalais a mis en place des institutions garantes de la bonne gouvernance d'une part (I) et consacré des règles matérielles promouvant celle-ci d'autre part (II).

I - L'institution de règles matérielles promouvant la bonne gouvernance

79. Elles tournent autour de l'adhésion du Sénégal aux normes ITIE (A) et du respect de la *hard law* (B).

A - L 'adhésion aux normes ITIE

80.L'exigence 2.5 ITIE fait obligation aux États, à partir du 1er janvier 2020, de mettre en place un **registre public des bénéficiaires effectifs** des entreprises qui font une demande de licence, contrat pétrolier, gazier ou minier, de production ou d'exploration ou celles qui détiennent une participation directe dans les entreprises précitées. Sur le terrain de la *hard law*, les articles 95[227] et 55[228] respectivement de la

[226] Article 3 AUDCG.

[227] Tout titulaire de **titre minier** a l'obligation de respecter les principes et exigences de l'Initiative pour la Transparence dans les Industries Extractives (ITIE), notamment :
-d'effectuer des déclarations basées sur les données qui sont l'objet d'audit par les instances compétentes en la matière
-de déclarer aux instances nationales de l'ITIE toutes les informations relatives à ses paiements à l'Etat, y **compris les réalisations économiques et sociales.**

[228] Conformément aux principes et exigences en matière de transparence et de bonne gouvernance, notamment ceux de l'Initiative pour la Transparence dans les Industries Extractives (ITIE), les titulaires du titre minier d'hydrocarbures sont tenus de participer aux mécanismes de transparence des paiements qu'ils effectuent à l'Etat au titre du présent Code.

loi n°2016-32 du 08 novembre 2016 portant Code minier et la loi n°2019-03 du 1er février 2019 portant Code pétrolier ont réceptionné cette exigence d'où l'institution par le décret n°2020-791 du 19 mars 2020 relatif au registre des bénéficiaires effectifs. L'impression qui se dégage de la lecture de ces deux dispositions est que la transparence dans le Code minier a un domaine plus étendu que dans le Code pétrolier. La réalité est pourtant tout autre dans la mesure où l'article 55 du Code pétrolier doit être complété par l'article 56 du même Code : « *Tous les revenus pétroliers* ***dus*** *à l'État et* ***perçus*** *par ce dernier, y compris les* ***réalisations sociales effectuées par les entreprises pétrolières et gazières****, sont communicables à toute personne et sont rendus publics* ».

Pour information, l'adhésion à l'ITIE constitue une exigence dans la loi modèle de la CEDEAO sur l'exploitation minière et le développement des ressources minérales[229].

Au-delà de l'adhésion aux normes ITIE, il y a le respect de la *hard law*.

B - Le respect de la hard law

81.Plusieurs règles sont prévues. Elles ont consisté en :

-L'évitement du conflit d'intérêts ;

-L'exigence de transparence dans l'octroi des blocs et quant aux sommes dues et perçues par l'État ;

-La lutte contre la corruption et la fraude

1 - L'évitement du conflit d'intérêts

82.Aux termes de l'article 67 de la loi n°2019-03 du 1er février 2019 portant Code pétrolier, aucun fonctionnaire ou salarié d'une société publique ne doit détenir des intérêts ou droits ni dans une société détentrice d'un permis ou contrat pétrolier ni dans toute société sous-traitante, directement ou indirectement, de celle-ci. L'article 18 du Règlement n°02/2023/CM/UEMOA du 16 juin 2023 portant Code minier communautaire interdit également les conflits d'intérêts des Agents publics de l'État, Hauts fonctionnaires, Présidents

[229] Article 37.

d'Institutions, élus locaux et nationaux au même titre que les dispositions du Code précité et l'article 32 de la loi n°2016-32 du 08 novembre 2016 portant Code minier.

2 - L'exigence de transparence quant aux sommes dues et perçues par l'État

83.Les sommes dues à l'État et perçues par lui doivent, pour les besoins de transparence, faire l'objet d'une publication. En effet, l'article 5 de la loi n°2022-09 du 19 avril 2022 relative à la répartition et à l'encadrement de la gestion des recettes issues de l'exploitation des hydrocarbures s'intitule « De la bonne gestion et de la transparence des recettes d'hydrocarbures ». Cette loi a consacré des principes de gestion des recettes d'hydrocarbures à savoir la sincérité, la transparence, le suivi et le contrôle. Mais déjà dans l'exposé des motifs de la loi précitée, on fait allusion à une gestion durable. On peut également trouver l'idée de transparence en examinant l'article 13 de la Directive C/DIR 3/05/09 en date du 27 mai 2009 portant sur l'harmonisation des principes directeurs et des politiques dans le secteur minier

3 - La lutte contre la corruption et fraude

84. L'expression « *corruption ou tentative de corruption*» apparait aux articles 30 de la loi n°2016-32 du 08 novembre 2016 portant Code minier et 39 du décret n°2017-459 du 20 mars 2017 fixant les modalités d'application de la loi n°2016-32 du 08 novembre 2016 portant Code minier. Malheureusement, elle ne figure pas dans le Code pétrolier mais plutôt dans le décret n°2020-791 du 19 mars 2020 relatif au registre des bénéficiaires effectifs. En effet, les articles précités permettent le retrait par décret d'un permis d'exploitation minière pour corruption ou tentative de corruption lors de l'attribution d'un titre minier.

La fraude quant à elle est interdite par l'article 38 du décret n°2020-2047 du 21 octobre 2020 portant organisation et fonctionnement du Comité national de suivi du contenu local dans le secteur des hydrocarbures devenu article 40 issu du décret n°2023-990 du 4 mai 2023 portant organisation et fonctionnement du Comité national de suivi du Contenu local dans le secteur des hydrocarbures et des mines. En effet, constitue un fait répréhensible au sens des dispositions précitées, la représentation de manière frauduleuse par toute personne de nationalité sénégalaise, des intérêts étrangers dans le but de satisfaire les exigences de contenu local quant à la constitution d'une entreprise locale. S'il est vrai que la position du législateur sénégalais de rendre effectif le respect des exigences du contenu local est louable, on peut cependant se poser des questions afférentes à l'existence d'une quelconque obligation d'une entreprise étrangère de « constituer une entreprise locale ». Il semble que non, car il est juste fait obligation aux investisseurs désirant intervenir comme sous-traitants, fournisseurs ou prestataires de services de créer une entreprise de droit sénégalais immatriculée auprès du Registre du Commerce et du Crédit mobilier dont le capital sera ouvert aux investisseurs sénégalais selon les modalités fixées par décret. Le décret en question auquel renvoie l'article 8.4 de la loi n°2019-04 du 1er février 2019 relative au contenu local dans le secteur des hydrocarbures est le décret n°2020-2065 du 28 octobre 2020 fixant les modalités de participation des investisseurs sénégalais dans les entreprises intervenant dans les activités pétrolières et gazières et classement des activités de l'amont pétrolier et gazier dans les régimes exclusif, mixte et non exclusif modifié par le décret n°2021-249. En droit, la fraude est une action révélant chez son auteur la volonté de nuire ou de tourner certaines prescriptions légales[230]. Deux adages sont attachés à la fraude : *fraus omnia corrumpit* c'est-à-dire que la fraude corrompt tout et la fraude ne se présume point c'est-à-dire qu'en principe elle doit être prouvée sauf quelques rares cas de présomption de fraude[231]

4 - L'institution d'une procédure d'octroi de blocs, de conclusion de contrats pétroliers et gaziers, de critères d'attribution de blocs

85. Comme précisé dans la première partie de la présente communication, en 2012, l'IGE avait rendu un rapport sur la gestion du pétrole au Sénégal et il a été dit ceci : « *Octroi à Petro-Tim de permis*

[230] (Dir) GUINCHARD Serge, MONTAGNIER Gabriel, *Lexique des termes juridiques*, Dalloz, 1999, 12e édition, p.258

[231] Sur les adages, V. (Dir) CHAGNOLLAUD Dominique, *Dictionnaire élémentaire du droit*, Dalloz, 2014, p.705. Et sur la fraude de façon générale, V. BISSARDON Sébastien, *Guide du langage juridique, Vocabulaire, pièges et difficultés*, Lexisnexis, 2013, 4e édition, V°Fraude, p.370 ; (Dir) ALLAND Denis, RIALS Stéphane, *Dictionnaire de la culture juridique*, Quadrige/ Lamy-PUF, 2003, V°Fraude, pp.755-760.

de recherche et de partage d'hydrocarbures relatifs aux blocs de Saint-Louis Offshore profond et Cayar Offshore profond en violation de la réglementation notamment ;

-des conditions de recevabilité de la demande d'octroi des permis ;

-de l'obligation d'entamer des négociations avant toute attribution ; or la commission d'évaluation des offres n'a pas été saisi ».

Pour s'assurer de la fiabilité du rapport, il faudrait s'imprégner de la loi n°98-05 du 8 janvier 1998 portant Code pétrolier ainsi que son décret d'application[232]. Aujourd'hui c'est la loi n°2019-03 du 1er février 2019 portant Code pétrolier ainsi que son décret d'application qui font foi. Ce faisant, l'article 5 alinéa 3 du décret 2020-2061 du 27 octobre 2020 portant application du Code pétrolier dispose que : « *L'attribution d'un bloc par un contrat pétrolier s'opère au moyen d'un appel d'offres ou d'une consultation directe* ». L'article 6 dudit décret consacre la procédure d'appel d'offres dans la mesure où il précise que celle-ci est ouverte à l'international, que le Ministre chargé des Hydrocarbures rédige et organise ladite procédure à moins de désigner la PETROSEN à cet effet. Dans tous les cas, une analyse des capacités techniques[233], financières[234] et de la prise en charge intégrale de l'impact socio-économique des opérations pétrolières envisagées sera faite. Ladite analyse est de mise en cas d'octroi de blocs par consultation directe. Pour rappel, les blocs pétroliers et gaziers sont octroyés par consultation directe dans l'un des cas suivants :

- Offre spontanée jugée recevable ;
- Appels d'offres infructueux ;
- Pour des raisons stratégiques ou d'intérêt national.

---

[232] Décret n°98-810 du 06 octobre 1998 fixant les modalités et conditions d'application de la loi n°98-05 du 08 janvier 1998 portant Code pétrolier.

[233] Par capacité technique, on entend le critère en fonction, notamment du nombre de champs pétroliers et/ ou gaziers découverts et/ ou développés avec succès dans les dix dernières années et des références fournies jugées pertinentes au regard du bloc concerné (article 9 du Décret n°2020-2061 du 27 octobre 2020 fixant les modalités d'application de la loi n°2019-03 du 1er février 2019 portant Code pétrolier).

[234] Par capacité financière, il faut entendre une appréciation selon des critères tels que le niveau d'activités et la solvabilité de l'entreprise ainsi que la rentabilité économique des projets qu'elle a développés au cours des dix dernières années (article 9 du Décret n°2020-2061 du 27 octobre 2020 fixant les modalités d'application de la loi n°2019-03 du 1er février 2019 portant Code pétrolier).

86. La procédure de conclusion de contrat pétrolier et gazier est décrite à l'article 8 du décret n°2020-2061 d'application du Code pétrolier. Ainsi, la conclusion est précédée de négociations après la procédure d'appels d'offre ou de consultation directe. Le contrat est signé par le Ministre en charge des hydrocarbures, la PETROSEN et la société pétrolière demanderesse après avis conforme du Ministre chargé des Finances sur les dispositions financières, fiscales et douanières dans le délai fixé par l'article 20 de la loi n°2019-03 du 1er février 2019 portant Code pétrolier. Il entre en vigueur une fois approuvé par décret, et enregistré conformément aux dispositions du Code général des Impôts et répertorié dans le registre spécial des hydrocarbures durant la même année.

5 - L'interdiction de toute cession anticipée des ressources d'hydrocarbures

87. Aux termes de l'article 4 de la loi n°2022-09 du 19 avril 2022 relative à la répartition et à l'encadrement de la gestion des recettes issues de l'exploitation des hydrocarbures, les ressources d'hydrocarbures appartiennent au peuple sénégalais. Elles ne peuvent faire l'objet de cession anticipée, ni d'hypothèque. Cette disposition est une mesure visant à préserver l'intégrité des recettes qui ne doivent être bradées avant leur réception.

88. L'institution de règles matérielles promouvant la bonne gouvernance ne saurait suffire sans celle des institutions chargées de leur matérialisation.

II - La mise en place d'institutions garantes de la bonne gouvernance

89. Ce sont les institutions visées dans la Constitution sénégalaise (A) d'une part et celles créées par l'État (B) d'autre part.

A - Les institutions visées dans la constitution

Il s'agit :

- du Président de la République ;
- de l'Assemblée nationale ;

- du Gouvernement ;
- du Conseil constitutionnel, Cour suprême, Cour des Comptes et des Cours et Tribunaux .

1 - Le rôle du Président de la République

90. Suivant l'article 1er du Décret n°2020-2094 modifiant le décret n°2016-1542 du 3 octobre 2016 portant création et fixant les règles d'organisation et de fonctionnement du Comité d'Orientation Stratégique du Pétrole et du Gaz (COS-PETROGAZ), **le COS-PETROGAZ est présidé par le Président de la République.** Parler du rôle du **Président de la République** c'est mettre en relief celui de **l'État** qui, suivant l'article 5 de la loi n°2019-03 du 1er février 2019 portant Code pétrolier, **gère** et **valorise** tous les gisements ou accumulations naturelles d'hydrocarbures sur le territoire de la République du Sénégal. La disposition précitée précisera d'ailleurs en quoi consistera cette **gestion**. Il s'agit de la **garantie** d'une épargne intergénérationnelle et de la **réponse** au besoin de développement par la promotion des investissements publics dans des secteurs susceptibles d'augmenter le potentiel de croissance économique du pays. Dans tous les cas, une loi déterminera les modalités de gestion et de répartition des recettes issues de l'exploitation des hydrocarbures d'où l'adoption de la **loi n°2022-09 du 19 avril 2022 relative à la répartition et à l'encadrement de la gestion des recettes issues de l'exploitation d'hydrocarbures.**

2 - Le rôle des Ministères

91.Le Ministre en charge des hydrocarbures met en œuvre la politique du Gouvernement en matière d'hydrocarbures[235]. Celui des finances n'est pas en reste puisqu'il donne son avis sur les dispositions financières fiscales et douanières du contrat de partage et de production[236]. Les recettes d'hydrocarbures sont exécutées sous sa responsabilité. Il engage, et ordonnance les crédits, au profit des fonds, selon un plan d'engagement établi en début d'exercice dans les délais fixés par la réglementation en vigueur. Il veille à la bonne mise en œuvre des stratégies d'investissement et à la poursuite des objectifs de

[235] Article 3 de la loi n°2019-03 du 1er février 2019 portant Code pétrolier.
[236] Article 20 de la loi n°2019-03 du 1er février portant Code pétrolier.

performance que l'État définit pour le Fonds intergénérationnel et le Fonds de stabilisation.

Le Ministre chargé des Finances est destinataire des rapports d'activité trimestriels et annuels, des plans et programmes de travail ainsi que, le cas échéant, des programmes de gestion des risques élaborés par les gestionnaires des fonds ; il formule des avis sur ces documents et peut, le cas échéant, s'opposer à une décision du gestionnaire par avis motivé. Il présente des rapports du gestionnaire au COS-PETROGAZ, peut commanditer toute étude ou contrôle sur la gestion des Fonds[237]. Sur sa décision, les comptes annuels du Fonds intergénérationnel et du Fonds de stabilisation sont, chaque année, audités et certifiés par des auditeurs indépendants. Les résultats des audits sont rendus publics[238].

NB/ Tous les Ministères précités font partie du COS-PETROGAZ.

3 - Le rôle de l'Assemblée nationale

92. Aux termes de l'article 22 de la loi n°2022-09 du 19 avril 2022 relative à la répartition et à l'encadrement de la gestion des recettes issues de l'exploitation des hydrocarbures, l'Assemblée Nationale est destinataire des comptes annuels certifiés et du rapport d'activité annuel. Elle peut procéder à des investigations et à des auditions dans les conditions définies par la loi organique relative aux lois de finances. Cette disposition doit être complétée par l'article 81 issu de la loi constitutionnelle n°2016-10 du 05 avril 2016 portant révision de la Constitution qui dispose que : « *Les commissions permanentes de l'Assemblée nationale peuvent entendre* ***les directeurs généraux des établissements publics, des sociétés nationales et des agences d'exécution*** ».

4 - La Cour des comptes et les autres juridictions

93. L'article 22 de la loi n°2022-09 du 19 avril 2022 précise que les Fonds de stabilisation et le Fonds intergénérationnel sont soumis aux contrôles des corps et organes de contrôle de l'État, notamment, la Cour

---

[237] Article 21 de la loi n°2022-09 du 19 avril relative à la répartition et à l'encadrement de la gestion des recettes issues de l'exploitation des hydrocarbures.

[238] Article 22 de la loi n°2022-09 du 19 avril 2022 relative à la répartition et à l'encadrement de la gestion des recettes issues de l'exploitation des hydrocarbures.

des comptes (l'expression « notamment » fait penser à l'existence d'autres organes de contrôle). Pour rappel, la Cour des comptes tient également ses pouvoirs de l'article 92 *in fine* issu de la loi constitutionnelle de 2016.

Les autres juridictions notamment les Cours et tribunaux interviennent pour connaître des infractions aux lois et règlements applicables, des différends nés de l'interprétation ou de l'application d'un contrat pétrolier[239] ou des litiges relatifs à l'exécution et à l'interprétation du Code minier[240]

94. En plus des institutions visées par la Constitution, d'autres créées par l'État interviennent.

B - Les institutions créées par l'État

95. Il s'agit du COS-PETROGAZ (1), Comité national de suivi du contenu local (CNSCL) (2), du FONSIS (3), de la commission d'examen et de négociation des contrats pétroliers (4) et de la SOMISEN (5).

1 - Le COS-PETROGAZ

96. Le COS-PETROGAZ joue un rôle d'assistance du Président de la République dans la définition, supervision et contrôle de la mise en œuvre de la politique nationale en matière de développement de projets pétroliers et gaziers. Ce faisant, il participe à « *l'amélioration de la gouvernance de l'exploitation des ressources pétrolières et gazières* »[241]. C'est certainement pour cette raison qu'il adopte en réunion les stratégies d'investissement proposées par chaque gestionnaire des fonds de stabilisation (**ce fonds investit dans des produits financiers à très faible risque et suffisamment liquides pour assurer une disponibilité immédiate de la trésorerie**) ou intergénérationnel (**les investissements du fonds intergénérationnel**

[239] Article 71 de la loi n°2019-03 du 1er février 2019 portant Code pétrolier.

[240] Article 140 de la loi n°2016-32 du 08 novembre 2016 portant Code minier.

[241] Rapport de présentation du décret n°2020-2094 modifiant le décret 2016-1542 du 3 octobre 2016

visent principalement des actifs ayant un profil de risque modéré et des rendements à long terme)[242].

Le 30 mai 2023, un arrêté interministériel n°019.346 fixant les modalités de désignation des représentants de la société civile et de l'opposition au sein du COS-PETROGAZ a été pris. Ainsi, suivant l'article 2 de cet arrêté, le représentant de l'opposition est choisi parmi les partis politiques de l'opposition ou coalitions de partis politiques les plus représentatifs. La représentativité s'apprécie sur la **base des résultats obtenus aux dernières élections législatives**. Techniquement, la désignation se fait sur proposition du parti politique ou coalition de partis politiques le plus représentatif. Quant à l'article 4 dudit arrêté, il précise que le représentant de la société civile au sein du COS-PETROGAZ est choisi parmi les organisations de la société civile ou des faitières d'organisation de la société civile les plus représentatives dont le critère d'appréciation est le nombre d'adhérents à l'organisation.

2 - Le CNSCL

97. Il tire ses prérogatives du Décret n°2023-990 du 4 mai 2023 portant organisation et fonctionnement du CNSCL dans le secteur des hydrocarbures et des mines (l'une des innovations de ce Décret qui abroge celui de 2020-2047 du 21 octobre 2020, c'est d'avoir défini le concept de « fournisseur » en se basant certainement sur les textes de l'UEMOA relatifs au secteur minier). Cette institution a des compétences principales[243] et spécifiques[244]. Les missions principales tiennent à la coordination de l'élaboration du document de stratégie du contenu local dans le secteur des Hydrocarbures et des Mines, la définition des modalités d'exécution des orientations de l'État du Sénégal. Quant aux missions spécifiques, elles consistent entre autres

[242] V. Pour toutes les précisions du domaine d'investissement des Fonds, l'Article 17 loi n°2022-09 du 19 avril 2022 relative à la répartition et à l'encadrement de la gestion des recettes issues de l'exploitation des hydrocarbures.

[243] Article 3 du décret n°2023-990 du 4 mai 2023 portant organisation et fonctionnement du Comité national de suivi du Contenu local dans le secteur des hydrocarbures et des mines.

[244] Article 3 du décret n°2023-990 du 4 mai 2023 portant organisation et fonctionnement du Comité national de suivi du Contenu local dans le secteur des hydrocarbures et des mines.

en la supervision et au fait de veiller à la bonne mise en œuvre de la stratégie de développement du contenu local.

Pour rappel, ce sont les secrétariats du CNSCL qui sont chargés de la mise en place, supervision, gestion et du suivi de la plateforme électronique de leurs secteurs. Les plateformes électroniques ont pour objectif de servir de portail d'information, de mise en relation et de suivi des activités du secteur pétrolier, gazier et minier.

3 - Le FONSIS

98. Il a été institué par la loi n°2012-34 du 31 décembre 2012 autorisant la création d'un Fonds souverain d'investissements stratégiques (FONSIS). En effet, la mise en place du FONSIS s'inscrit dans un contexte de faiblesse du secteur privé national, de raréfaction des investissements directs étrangers, de nécessité de gestion efficace des participations dans diverses entreprises et autres actifs de l'État, de réalisation des investissements structurants. Ainsi, l'institution va investir dans des projets porteurs tels que les mines, l'énergie[245]. Elle, peut, outre le fait que ses statuts, son règlement intérieur soient conformes à l'Acte uniforme relatif au droit des sociétés commerciales et du GIE, prendre des participations dans des sociétés étrangères surtout minières et pétrolières[246].

Enfin, relevons qu'en vertu de l'article 8 de la loi n°2022-09 du 19 avril 2022 relative à la répartition et à l'encadrement de la gestion des recettes issues de l'exploitation des hydrocarbures, le FONSIS gère le fonds intergénérationnel même si celui-ci est détenu intégralement par l'État.

4 - La commission d'examen et de négociation des contrats pétroliers

99. En négociant le contrat pétrolier, le Ministre chargé des Hydrocarbures s'appuie sur une commission d'examen et de négociation des contrats pétroliers dont les règles d'organisation et de fonctionnement sont fixées par arrêté du Ministre chargé des

---

[245] Exposé des motifs de la loi n°2012-34 du 31 décembre 2012 autorisant la création d'un Fonds souverain d'investissements stratégiques (FONSIS).

[246] Article 6 la loi n°2012-34 du 31 décembre 2012 autorisant la création d'un Fonds souverain d'investissements stratégiques (FONSIS).

Hydrocarbures[247]. Cet appui porte sur l'évaluation des offres techniques et financières reçues dans le cadre d'un appel d'offre ou d'une consultation directe ainsi que dans la négociation des contrats pétroliers[248]

5 - La SOMISEN

100. Dans l'exposé des motifs de la loi n°2020-31 du 06 novembre 2020 portant création d'une Société nationale dénommée « Société des Mines du Sénégal », en abrégée (SOMISEN SA), un constat peu réjouissant a été fait: rare réception par l'État de dividendes, non mise en œuvre de la clause des conventions minières permettant à l'État et au secteur privé, de participer à titre onéreux, au capital des sociétés à hauteur de 25% en raison du fait que l'actionnaire contribuerait à la couverture des besoins d'investissements et dans des délais très courts[249].

Ainsi, la SOMISEN a été créée en vue de *« renforcer substantiellement la position stratégique de l'État et sa présence dans la gestion des sociétés minières »*. Elle a pour mission :

-la gestion de la participation de l'État dans les opérations minières ;

-la commercialisation des produits miniers revenant à l'État ;

-la détention, seule ou en association, de titres miniers ;

-la mise en œuvre des décisions et orientations de l'État en ce qui concerne la stratégie de ces activités minières ;

-la participation aux négociations entre l'État et les sociétés dans lesquelles elle gère les participations de l'État et de toute autre société où cette participation est envisagée ;

-la représentation de l'État, aux côtés des tutelles technique et financière, aux assemblées d'actionnaires et au sein des organes de gestion ou de surveillance de ces sociétés minières ;

-l'examen de la situation économique et financière des sociétés concernées, les principaux programmes d'investissement et de financement, les projets d'acquisition ou de cession et toute question

---

[247] Article 12 de la loi n°2019-03 du 1er février 2019 portant Code pétrolier.

[248] Article 4 décret n°2020-2061 d'application du Code pétrolier de 2019.

[249] Exposé des motifs de la loi n°2020-31 du 06 novembre 2020 portant création d'une Société nationale dénommée « Société des Mines du Sénégal » en abrégé (SOMISEN S.A).

soumises aux organes de gestion et de surveillance de ces sociétés minières ;

-l'évaluation régulière de la valeur de la participation de l'État dans ces sociétés et la formulation de l'État actionnaire sur ces sujets ;

-le développement de stratégies de paiement et de valorisation des dividendes de l'État dans ces sociétés minières ;

-la prise de participation dans les sociétés se rapportant à son objet social.

L'ÉTAT, LE PEUPLE ET LES RESSOURCES NATURELLES

Bibliographie indicative

DIALLO (M.L), *Le Sénégal des mines, les territoires de l'or et du phosphate*, L'harmattan 2017, 346 pages

DIAKHATE (M), « À la recherche du Peuple dans les systèmes constitutionnels de l'Afrique subsaharienne francophone », https://ceracle.com/wp-content/uploads/2021/06/Meissa-DIAKHATE-A-la-recherche-du-Peuple-dans-les-systemes-constitutionnels-de-lAfrique-subsaharienne-frnacophone.pdf, consulté le 12/11/2024 à 22h 50.

DIAITE (I), « La notion de peuple et l'application de la charte africaine des droits de l'homme et des peuples », Annales Africaines, 1981, pp.45-56

FISCHER (G), « La souveraineté sur les ressources naturelles », Annuaire français de droit international, 1962, Volume 8, pp.516-528

LECOR (F.F), « Discours d'usage », *in* Les nouveaux droits dans la constitution, Audience solennelle de rentrée des Cours et Tribunaux 2016-2017, Jeudi 26 janvier 2017, pp.1-17, www.coursupreme.gouv.sn/sites/default/files/2023-01/DISCOURS_USAGE_2017-2018.pdf, consulté le 2 novembre 2024 à 15h 05

ROSENBERG (D), *Le principe de souveraineté des États sur leurs ressources naturelles*, LGDJ, 1983, 400 pages

SAKAI (L), *La souveraineté permanente sur les ressources naturelles et la protection internationale des droits de l'homme*, Thèse, Université Paris 1 Panthéon-Sorbonne, 2014, 687 pages

101. Les ressources naturelles peuvent être définies comme un stock de biens physiques qui ne sont pas des biens produits, mais ont de la valeur pour les êtres humains, simplement de par leur existence ou parce qu'ils produisent ou permettent de produire d'autres flux d'avantages et de services[250]. Leur importance dans le développement d'un pays n'a jamais été démentie. C'est certainement l'une des raisons pour lesquelles beaucoup d'États africains ont réceptionné les différentes résolutions de l'Assemblée générale des Nations unies ou les ont considérées comme « un patrimoine commun »[251]. Au-delà, nous pouvons citer la Charte africaine des droits de l'homme et des peuples. Dans tous les cas, depuis la loi n°2016-10 du 5 avril 2016 portant révision de la Constitution, les ressources naturelles appartiennent au peuple, position du pouvoir constituant, différente du législateur sénégalais et communautaire respectivement dans la loi n°2016-32 du 08 novembre 2016 portant Code minier[252] et le Règlement n°02/2023/CM/UEMOA du 16 juin 2023 portant Code minier communautaire. Pareille situation interroge sur la teneur de la problématique de la hiérarchie des normes. De notre point de vue tous les instruments juridiques précités doivent être conformes à la Constitution.

102. Le concept de peuple, propriétaire des ressources naturelles, est polysémique. En clair, c'est une notion aux contours difficiles à cerner. Il peut s'agir du salarié, de la main-d'œuvre locale, des entreprises locales ou sénégalaises[253]. En s'imprégnant des lignes directrices

---

[250] OSIWA, *Les capacités de gestion des ressources naturelles des pays de l'Afrique de l'Ouest*, 2008, p.7.

[251] V. Loi n°2022-09 du 19 avril relative à la répartition et à l'encadrement de la gestion des recettes issues de l'exploitation des hydrocarbures et loi congolaise n°28-2016 du 12 octobre 2016 portant Code des hydrocarbures (article 4).

[252] Article 3 de la loi n°2016-32 du 08 novembre 2016 portant Code minier de 2016.

[253] Les critères d'identification de l'entreprise locale ou sénégalaise sont prévus dans le Décret n°2020-2065 du 28 octobre 2020 fixant les modalités de participation des investisseurs sénégalais dans les entreprises intervenant dans les activités pétrolières et gazières et classement des activités de l'amont pétrolier et gazier dans les régimes exclusif, mixte et non exclusif. Il s'agit du fait que le capital social des sociétés intervenant dans e régime exclusif soit détenu à hauteur de 51% minimum par des personnes physiques de nationalité sénégalaise ou par des personnes morales contrôlées par des personnes physiques de nationalité sénégalaise, que la direction de ces sociétés soit assurée à plus de 80 % par des personnes physiques de nationalité sénégalaise, et que le personnel travaillant dans ces entreprises soit composé de personnes physiques de nationalité sénégalaise à hauteur de 51% au minimum. Pour rappel, nous sommes ici en présence de critères

n°002/2024/CNSCL-MINES précisant les exigences de contenu local et le mode de soumission des plans de contenu local, on peut dire que le peuple ce sont aussi les populations locales puisque : « *la politique de contenu local promue par l'État vise à partager les économies générées par l'industrie minière avec les populations locales*[254] ». L'État renvoie non seulement à l'État central, qui définit la politique de gouvernance des ressources naturelles, mais également aux institutions, organes de soutien, d'aide à la décision institués par lui.

103. En présence des ressources naturelles, quelle est la place assignée à chaque entité[255] objet de notre réflexion ?

L'étude présente un intérêt capital dans la mesure où l'on note une pléthore de textes favorables à l'exercice par l'État de sa souveraineté sur les ressources naturelles et ce, au profit du peuple. En effet, trois concepts tirés des règles des hydrocarbures devraient attirer notre attention : propriété, souveraineté et gestion des ressources naturelles.

104.Le droit de propriété est un droit réel conférant toutes les prérogatives que l'on peut avoir sur un bien ; traditionnellement on distingue trois prérogatives : l'*usus*, l'*abusus* et le *fructus*[256] . Aux termes de l'article 17 de la Déclaration des droits de l'homme et du citoyen du 26 août 1789, la propriété est un droit inviolable et sacré, nul ne peut en être privé, si ce n'est lorsque la nécessité publique, légalement constatée, l'exige évidemment, et sous la condition d'une juste et préalable indemnité. Dans le préambule de sa Constitution, le Sénégal a affirmé son adhésion à la Déclaration des Droits de l'homme et du Citoyen de 1789. Et tenant compte du fait que le préambule est partie intégrante de la Constitution, on peut affirmer aisément que le droit de propriété a valeur constitutionnelle. D'ailleurs, il fait partie des droits économiques et des libertés individuelles fondamentales

---

cumulatifs d'autant que l'article 4 du décret n°2020-2065 dispose que : « les entreprises répondant à la totalité des critères énumérés aux alinéas 1 et 2 de l'article 3 du présent décret sont qualifiées d'entreprises locales ».

[254] Cette idée est également reprise dans les lignes directrices n°001/2024/CNSCL-MINES portant organisation et fonctionnement de la plateforme électronique.

[255] Le choix de l'expression « entité » se justifie par le fait que si l'Etat est une personne morale de droit public, nature affirmée tant en doctrine que dans les textes, le Peuple constitue une notion à contenu variable, en dépit des études pertinentes qui lui ont été consacrées.

[256] (Dir) GUINCHARD Serge, MONTAGNIER Gabriel, *Lexique des termes juridiques*, Dalloz, 12e édition, 1999, p.211. *Adde* BISSARDON Sébastien, *Guide du langage juridique, Vocabulaire, pièges et difficultés*, LexisNexis, 2013, p.503

consacrés à l'article 8 de la Constitution. Dans tous les cas, outre l'article 8 précité, le droit de propriété est visé aux articles 15, 67 de la Constitution. De même, pour Jean Carbonnier, la propriété est l'un des trois piliers du droit[257].

105. La compréhension du concept de gestion peut être obtenue en consultant le Petit Larousse selon qui il s'agit de l'action ou manière de gérer, d'administrer, de diriger, d'organiser quelque chose ; période pendant laquelle quelqu'un gère une affaire. Comme on peut s'en apercevoir, il s'agit d'une notion non juridique quoique non ignorée par le droit. Pour s'en convaincre, on peut par exemple se référer à l'Acte uniforme relatif au droit des sociétés commerciales et du GIE qui, en parlant du dirigeant, fait usage de l'expression « organes de gestion, de direction et d'administration[258] ».

106. La souveraineté de l'État, en dépit de l'appartenance au peuple des ressources naturelles, n'est pas obstruée. Il suffit, pour s'en convaincre, de s'imprégner, dans la loi n°2019-03 du 1er février 2019 portant Code pétrolier, des concepts de « territoire de la République du Sénégal » et de l'article 6 dudit Code qui dispose que l'État exerce sur l'ensemble du territoire de la République du Sénégal, des droits souverains aux fins de prospection, de l'exploration, de l'exploitation, de la liquéfaction du gaz naturel, du stockage et du transport des hydrocarbures. Le territoire de la République du Sénégal est la partie terrestre de la République du Sénégal ainsi que le plateau continental et les zones maritimes sur lesquelles, conformément au droit international, le Sénégal exerce ses droits de souveraineté ou sa juridiction. Selon le Petit Larousse, la souveraineté c'est le pouvoir suprême reconnu à l'État, qui implique l'exclusivité de sa compétence sur le territoire national et son indépendance dans l'ordre international, où il n'est limité que par ses propres engagements. Dans le secteur extractif, la souveraineté de l'État se manifeste par le fait que lui seul est habilité à délivrer des autorisations, des permis pour l'exercice d'activités pétrolière, gazière et minière[259]. Il ne serait pas vain, pour une meilleure

---

[257] CARBONNIER Jean, *Flexible droit, pour une sociologie du droit sans rigueur*, L.G.D.J, 10e édition, 2001, p.255

[258] Voir par exemple article 73, 78, 79, 121, 122 AUSCGIE.

[259] BERGEL Jean-Louis, BRUSCHI Marc, CIMAMONTI Sylvie, *Droit civil, les biens*, L.G.D.J, 2000, p.184, n°173. Sur la souveraineté, V. MAULIN Eric, « Souveraineté », *in* Dictionnaire de la culture juridique, Lamy, PUF, 2003, pp.1434-1438 ; LALANDE André, *Vocabulaire technique et critique de la philosophie*, PUF, 3e édition, 2016, p.1016 ; ROSENBERG Dominique, « Les

compréhension de l'étude, de faire un tableau comportant des textes affirmant la souveraineté de l'État sur les ressources naturelles.

Textes de l'Assemblée générale des Nations unies ou de l'Union africaine affirmant la souveraineté de l'État sur les ressources naturelles

Instruments juridiques	**Contenu**	**Articles ou points pertinents**
Résolution de l'Assemblée générale des Nations unies 626 (VII)	-Les États membres peuvent utiliser et exploiter librement leurs richesses pour « **leur progrès et leur développement économique** »	-Point 1
Résolution 1803 (XVII) sur la souveraineté permanente sur les ressources naturelles du 14 Décembre 1962	Cette résolution attache une importance particulière à encourager le développement des pays en voie de développement et à l'affermissement de leur indépendance économique.	
Résolution 2158 sur la souveraineté permanente sur les ressources naturelles du 25 novembre 1966	-Réaffirmation du droit naturel de tous les peuples à exercer leur souveraineté permanente -Les ressources naturelles sont à la	-Point 1

codes des investissements : un exemple de souveraineté dans un ordre économique inégalitaire ? », RJPIC, 1978, n°3, pp.913-933

	base du développement économique et du progrès industriel des pays en développement -les ressources naturelles sont limitées et épuisables dans de nombreux cas ; -Surveillance gouvernementale des capitaux étrangers ;	-Point 4
	-L'exploitation des ressources naturelles doit être conforme aux lois et règlements nationaux ;	-Point 5
	-Le droit de participation à la gestion des entreprises étrangères, le droit d'avoir une part plus grande des avantages et des bénéfices provenant de cette exploitation[260] ; -Les investisseurs étrangers qui exploitent les	-Point 6

[260] Seulement, tel n'est pas le cas au regard des différents CRPP en vigueur au Sénégal.

	ressources naturelles doivent former de façon accélérée et appropriée le personnel national à tous les niveaux et dans tous les domaines touchant à cette exploitation -	
Charte des droits et devoirs économiques des états	-Chaque État détient et exerce librement une souveraineté entière et permanente sur toutes les richesses, ressources naturelles et activités économiques , y compris la possession et le droit de les utiliser et d'en disposer.	-Article 2
Pacte international relatif aux droits civils et politiques	-Pour atteindre leurs fins, tous les peuples peuvent disposer librement de leurs richesses et de leurs ressources naturelles. (…) En aucun cas, un peuple ne pourra être privé de ses propres moyens de subsistance[261].	-Article 1 -Article 47

[261] D'où certainement l'intérêt de l'article 4 de la loi n°2022-09 du 19 avril 2022 relative à la répartition et à l'encadrement de la gestion des recettes issues de l'exploitation des hydrocarbures qui dispose que les ressources d'hydrocarbures ne peuvent faire l'objet de cession anticipée, ni d'hypothèque.

	-Aucune disposition du Pacte ne sera interprétée comme portant atteinte au droit inhérent de tous les peuples à profiter et à user pleinement et librement de leurs richesses et ressources naturelles.	
Charte Africaine des droits de l'homme et des peuples	-Les peuples ont la libre disposition de leurs richesses et de leurs ressources naturelles. Ce droit s'exerce dans l'intérêt exclusif des populations. En aucun cas, un peuple ne peut en être privé	-Article 21, 1

107. Le tableau ci-dessus présenté peut susciter quelques commentaires tant sur les instruments symbolisant le droit dur que le droit mou. Le deuxième intérêt tient au rôle que joue l'État ; lequel peut être qualifié d' « État stratège ». Aux articles 4, 10 de la loi n°2012-34 du 31 décembre 2012 autorisant la création d'un Fonds souverain d'investissements stratégiques (FONSIS), on parle de « l'État-actionnaire ». Il en est de même dans l'exposé des motifs de ladite loi ou de l'article 2 de la loi n°2020-31 du 06 novembre 2020 portant création d'une Société nationale dénommée « Société des Mines du Sénégal » en abrégé (SOMISEN S.A).

En effet, l'État est un acteur essentiel du commerce international[262]. À ce titre, il intervient doublement en faisant usage de son pouvoir

[262] JACQUET Jean-Michel, « L'Etat, opérateur du commerce international », JDI, 1989, pp.621-690.

normatif d'une part et en prenant part aux relations commerciales internationales comme le ferait un opérateur privé d'autre part[263].

Enfin, la problématique de la valeur normative des déclarations et résolutions a été examinée et les avis des auteurs sont partagés entre ceux pour qui les résolutions ont toujours des effets politiques et souvent juridiques et ceux qui sont entre ces deux extrêmes[264]. Dans tous les cas, la constante demeure l'évolution de la position des Nations unies vis-à-vis des investissements étrangers lesquels, s'il est vrai qu'ils sont d'une importance capitale, ne doivent néanmoins pas dépouiller les États qui en ont besoin de tout pouvoir de libre détermination des modalités et circonstances dans lesquels les capitaux doivent s'investir[265]. S'inscrivant dans cette logique, le législateur de l'UEMOA, à l'article 2 du Règlement n°02/2023/CM/UEMOA du 16 juin 2023 portant Code minier communautaire, précise que le présent code vise à :

-créer un environnement minier favorable au développement économique durable et qui assure un équilibre entre la nécessité de mettre en place des mesures incitatives pour attirer les investisseurs et celle de protéger la base du revenu et les ressources des États membres…

Fort de ce constat, nous examinerons d'abord le rôle de l'État dans la détermination de la politique des ressources naturelles (I), ensuite la gestion des ressources naturelles au profit du peuple (II).

---

[263] AUDIT Mathias, BOLLEE Sylvain, CALLE Pierre, *Droit du commerce international et des investissements étrangers*, LGDJ, 2e édition, 2016, p.93.

[264] HABERLI Christian, *Les investissements étrangers en Afrique, avec des études de cas portant sur l'Algérie et le Ghana*, L.G.D.J, 1979, p.26 : conditions d'adoption de la résolution, nature de la prescription qu'elle contient, les moyens de contrôle prévus pour son application.

[265] HABERLI Christian, *op.cit.*, p.27. L'auteur souligne : « Actuellement, toutes les recommandations et résolutions des organisations et conférences des Nations Unies insistent sur ce droit de contrôle et sur la soumission de tous les litiges à la juridiction nationale ».

I - L'État et la politique de ressources naturelles

108. C'est l'État qui définit la politique d'hydrocarbures (A). Et fort de ces prérogatives, il s'attache les services des différents Ministères dédiés ainsi que des organes d'appui (B).

A - Définition de la politique d'hydrocarbures par l'État

109. L'accent sera mis ici sur le Président de la République et les organes ou institutions qui l'appuient. Ce faisant, nous traiterons principalement de deux textes :

-le Décret n°2020-2094 du 28 octobre 2020 modifiant le décret portant organisation et fonctionnement du COSPETROGAZ ;

-la loi n°2022-09 du 19 avril 2022 relative à la répartition et à l'encadrement de la gestion des recettes issues de l'exploitation des hydrocarbures.

Dans le rapport de présentation du décret n°2020-2094 précité, il est dit que le COS-PETROGAZ assiste le Président de la République dans :

-la définition ;

-la supervision ;

-l'évaluation ;

-le contrôle de la mise en œuvre de la politique nationale en matière de développement de projets pétroliers et gaziers.

Par décret 2020-2094 du 28 octobre 2020 modifiant décret organisation et fonctionnement du COS-PETROGAZ et dans la poursuite de la dynamique de transparence, le Président de la République a décidé d'élargir le COS-PETROGAZ aux membres de la société civile ainsi qu'aux partis de l'opposition.

110. C'est l'État qui, au sens de la loi n°2022-09 du 19 avril 2022 relative à la répartition et à l'encadrement de la gestion des recettes issues de l'exploitation des hydrocarbures, définit une stratégie d'investissement[266]. Les modalités de la stratégie d'investissement sont prévues à l'article 17 de la loi précitée. Ainsi, au regard de cette disposition, nous pouvons déceler plusieurs phases :

---

[266] Exposé des motifs de la loi sous examen.

-proposition d'une stratégie d'investissement pour les ressources de chaque fonds par le gestionnaire dudit fonds ;

-validation de chaque stratégie d'investissement par décret[267] après son adoption en réunion du COS-PETROGAZ ;

Enfin, notons que c'est le Ministre des Finances qui veille à la bonne mise en œuvre des stratégies d'investissement, à la poursuite des objectifs de performance[268] que l'État définit pour le Fonds intergénérationnel et le fonds de stabilisation.

C'est dire l'importance des ministères dédiés en plus de celle des organes d'appui.

B - Les ministères dédiés et organes d'appui

111. Tour à tour, nous parlerons des Ministères dédiés (1) et des organes d'appui (2).

1 - Les Ministères dédiés

112. Il s'agit du Ministère de l'Énergie, du Pétrole et des mines[269] et du Ministère des Finances.

---

[267] Cette validation par décret de la stratégie d'investissement renseigne sur le fait que le Président de la République est au cœur de la stratégie d'investissement définie par chaque Fonds.

[268] La performance constitue un référentiel évoqué dans la loi d'orientation n°2022-08 du 19 avril 2022 relative au secteur parapublic, au suivi du portefeuille de l'Etat et au contrôle des personnes morales de droit privé bénéficiant du concours financier de la puissance publique.

[269] Le Ministre du Pétrole et des énergies (l'article 1er du décret n°2022-1799 du 26 septembre 2022 relatif aux attributions du Ministre du Pétrole et des Energies dispose que sous l'autorité du Premier Ministre, le Ministre du Pétrole et des Energies prépare et met en œuvre la politique définie par le Chef de l'Etat dans les secteurs pétrolier et énergétique. Avant, il y a eu le décret n°2019-1841 du 7 novembre 2019 relatif aux attributions du Ministre du Pétrole et des Energies qui a abrogé le décret n°2019-961 du 29 mai 2019 relatif aux attributions du Ministre de l'énergie, du Pétrole et des Mines. L'accent sera mis sur ici sur le décret n°2023-1712 du 7 août 2023 portant organisation du Ministère du Pétrole et des Energies qui abroge le décret n°2020-924 du 3 avril 2020(l'aspect stratégique du pétrole et du gaz est pris en charge par la direction de la stratégie et de la réglementation). Suivant l'article 6 du décret sous examen, le GES-PETROGAZ est l'unité d'exécution et de gestion du COS-PETROGAZ. Service rattaché au cabinet du Ministère du Pétrole et des énergies, le GES-PETROGAZ met en œuvre les

Leur implication s'apprécie dans le fait que c'est le premier Ministère cité qui assure la mise en œuvre de la politique du gouvernement en matière d'hydrocarbures[270]. Les deux Ministères interviennent dans le processus de conclusion des contrats pétroliers et gaziers. En outre, relevons le fait que le Ministre des Finances préside le Conseil d'administration du Fonds intergénérationnel[271]. De notre point de vue, la composition du Conseil d'administration devrait pouvoir être élargie aux membres de l'opposition et de la société civile pour plus de transparence dans le fonctionnement du FIG. Cette proposition est logique d'autant qu'au sein du comité d'investissement du FIG figurent deux experts indépendants sélectionnés suite à un appel d'offres dont les dossiers sont préparés par le directeur général du FONSIS, gestionnaire du FIG et nommés par décret du Président de la République[272]. Quant au comité d'investissement du fonds de stabilisation, il est composé de deux experts indépendants désignés par arrêté du Ministre chargé des finances après recrutement sur la base d'un appel à candidatures[273].

2 - Les organes d'appui

113. Il s'agit entre autres du CNSCL, de PETROSEN, du FONSIS, de la commission d'examen et de négociation des contrats pétroliers et gaziers.

---

délibérations du COS-PETROGAZ. Pour rappel, le Ministère du Pétrole et des énergies comporte une cellule des affaires juridiques qui apparemment, dans le décret n°2020-924 du 03 avril 2020 portant organisation du ministère du Pétrole et des énergies était dénommée « Direction de la stratégie et de la Réglementation » (article 12), une cellule de la transition énergétique (article 13), des directions (chapitre IV). Enfin, notons que le décret n°2024-946 du 8 avril 2024 relatif aux attributions du Ministre de l'énergie, du Pétrole et des mines abroge les décrets n°2022-1798 du 26 septembre 2022 relatif aux attributions du Ministre des Mines et de la Géologie et n°2022-1799 du 26 septembre 2022 relatif aux attributions du Ministre du Pétrole et des Energies.

[270] Article 3 de la loi n°2019-03 du 1er février 2019 portant Code pétrolier.

[271] Article 5 du décret n°2024-153 du 21 février 2024 fixant les modalités de gestion et d'administration du Fonds intergénérationnel.

[272] Article 13 du décret n°2024-153 du 21 février 2024 fixant les modalités de gestion et d'administration du Fonds intergénérationnel

[273] Article 10 du décret n°2023-1896 du 11 septembre 2023 fixant les modalités de gestion et d'administration du Fonds de stabilisation.

Le CNSCL. C'est le point névralgique d'une mise en œuvre efficace et effective de la politique de contenu local élaborée par l'État du Sénégal qui a exprimé le vœu d'atteindre 50% de contenu local en 2030[274].

La mission principale du CNSCL consiste à :

-élaborer un document de stratégie du contenu local ;

-superviser et veiller à la bonne mise en œuvre de la stratégie de développement du contenu local.

PETROSEN. C'est une société anonyme à participation publique majoritaire. Elle est détenue à 99% par l'État et à 1% par la SNR. PETROSEN agit au nom et pour le compte de l'État[275]. Elle peut se voir associée par le Ministre en charge des hydrocarbures dans l'élaboration des TDR des appels d'offre pour l'octroi de blocs[276].

Le FONSIS. Il assure la gestion et l'administration du FIG conformément au mandat conféré par l'article 8 de la loi n°2022-09 du 19 avril 2022 relative à la répartition et à l'encadrement de la gestion des recettes issues de l'exploitation des hydrocarbures[277].

La commission d'examen et de négociation des contrats pétroliers et gaziers. Elle appuie le Ministre en charge des hydrocarbures dans l'évaluation des offres techniques et financières reçues dans le cadre d'un appel d'offres ou d'une consultation directe ainsi que dans la négociation des contrats pétroliers[278].

Comme remarqué, plusieurs entités interviennent dans la gestion des ressources naturelles et cela, au profit du peuple.

---

[274] Rapport de présentation du décret n°2023-990 du 4 mai 2023 portant organisation et fonctionnement du Comité national de suivi du contenu local dans le secteur des hydrocarbures et des mines. Ce décret a abrogé celui n°2020-2047 du 21 octobre 2020 portant organisation et fonctionnement du Comité national de suivi du contenu local dans le secteur des hydrocarbures (article 48 du décret n°2023-990 précité).

[275] Article 6 des statuts de PETROSEN.

[276] Article 6 alinéa 3 du décret n°2020-2061 fixant les modalités d'application de la loi n°2019-03 du 1er février 2019 portant Code pétrolier.

[277] Article 1er décret n°2024-153 du 21 février 2024 fixant les modalités de gestion et d'administration du Fonds intergénérationnel.

[278] Article 4 décret n°2020-2061 du 27 octobre 2020 fixant les modalités d'application de la loi n°2019-03 du 1er février 2019 portant Code pétrolier.

II - La gestion des ressources naturelles au profit du peuple

114. Nous examinerons les textes qui imposent une gestion des ressources naturelles au profit du Peuple d'abord (A) et les mécanismes de gestion ensuite (B).

A - Les textes en question

115. Principalement, quatre textes vont attirer notre attention à savoir :

-La Constitution : L'article 25-1 de la loi constitutionnelle n°2016-10 du 5 avril 2016 dispose que les ressources naturelles appartiennent au peuple. Quatre mots clés font le charme de cette disposition : appartenance, utilisation, exploitation et gestion des ressources naturelles ;

-L'article 5 de la loi n°2019-03 du 1er février 2019 portant Code pétrolier : L'État assure la gestion et la valorisation de tous les gisements ou accumulations naturelles d'hydrocarbures. Comme pour le domaine national, l'État n'est qu'un gérant et non un propriétaire ;

-L'article 4 loi 2022-09 du 19 avril 2022 relative à la répartition et à l'encadrement de la gestion des recettes issues de l'exploitation des hydrocarbures : Suivant l'article 4 de cette loi, les ressources d'hydrocarbures ne peuvent faire l'objet de cession anticipée, ni d'hypothèque. Ce texte consacre, après avoir rappelé l'appartenance des ressources d'hydrocarbures au peuple sénégalais, l'indisponibilité des recettes d'hydrocarbures certes, mais donne matière à s'interroger sur une possible cession après leur réception ;

-Le rapport de présentation du décret n°2024-153 du 21 février 2024 fixant les modalités de gestion et d'administration du FIG : « *L'État a pris la décision de réserver aux générations futures une quote-part des recettes tirées de leur exploitation* » ; « *afin que les recettes tirées de l'exploitation des hydrocarbures assurent la satisfaction des besoins des générations actuelles et futures à travers le financement efficace du développement* ». Finalement, on l'aura bien noté, le FIG profite à toutes les générations.

Après avoir exposé les textes illustrant une gestion des ressources naturelles au profit du Peuple, place à l'examen des mécanismes de gestion prévus.

B - Les mécanismes de gestion

116. Les mécanismes de gestion sont prévus dans la loi n°2022-09 du 19 avril 2022 relative à la répartition et à l'encadrement de la gestion des recettes issues de l'exploitation des hydrocarbures, le FADCL, les décrets sur le FIG et le fonds de stabilisation. En effet, l'article 12 de la loi n°2022-09 du 19 avril 2022 précité dispose que au plus 90% des recettes de référence[279] abondent le budget général de l'État dans le but de financer le développement du Sénégal et au moins 10% desdites recettes abondent le FIG. Concernant le FADCL, son objectif est le renforcement des capacités techniques et financières des entreprises locales afin que celles-ci puissent faire face à la concurrence qui sévit dans le secteur extractif[280]

-Le FIG et le fonds de stabilisation. La loi n°2022-09 du 19 avril 2022 relative à la répartition et à l'encadrement de la gestion des recettes issues de l'exploitation des hydrocarbures a créé le FIG et le Fonds de stabilisation[281]. La gestion et l'administration de chacun des fonds sont fixés par décret. C'est donc tout le sens respectivement des décrets n°2024-153 du 21 février 2024 fixant les modalités de gestion et d'administration du FIG et du décret n°2023-1896 fixant les modalités de gestion et d'administration du Fonds de stabilisation.

Aux termes de l'article 8 alinéa 2 du décret n°2024-153 du 21 février 2024 fixant les modalités de gestion et d'administration du FIG, le FONSIS assure la gestion et l'administration du Fonds, conformément au mandat conféré par l'article 8 de la loi n°2022-09 du 19 avril 2022 relative à la répartition et à l'encadrement de la gestion des recettes issues de l'exploitation des hydrocarbures. Le FIG est une société anonyme à participation publique majoritaire. Ses statuts sont certes

---

279 Les recettes de référence sont les recettes prévisionnelles de l'exploitation des hydrocarbures, estimées sur la base du prix de référence et des prévisions de quantité d'hydrocarbures à produire conformément aux plans annuels de production communiqués par le Ministre chargé des Hydrocarbures.

280 V. Rapport de présentation du décret 2023-991 fixant les modalités d'alimentation et de fonctionnement du Fonds d'Appui au Développement du Contenu local dans les secteurs des hydrocarbures et des mines

281 Article 7

conformes à l'AUSCGIE sous réserve des dispositions spécifiques de la loi n°2022-09 du 19 avril 2022 précitée. Le Conseil d'administration du FIG, organe de gouvernance au même titre que le comité d'investissement et la direction générale du Fonds, est composé de Ministres dont celui chargé des finances ou le « garant de la rentabilisation des ressources financières », d'un comité des investissements, « organe phare du Fonds ». Le Ministre chargé de l'économie assure la Présidence du comité d'investissement.

Quant à l'article 2 alinéa 2 du décret n°2023-1896 du 11 septembre 2023 fixant les modalités de gestion et d'administration du Fonds de stabilisation, il dispose que la gestion du Fonds s'effectue sous la stricte contrainte d'assurer, à tout moment, le caractère liquide des actifs financiers constituant son univers d'investissement.

III - Entre lucidité, clarté et interrogations

117. De l'examen de différents textes, il résulte plusieurs interrogations :

-Peut-on atteindre 50% du contenu local d'ici 2030[282]?

-Le transfert de technologie est-il réellement efficace ?

-Les régimes du contenu local sont-ils effectifs ?

-Doit-on revenir, pour plus de transparence et de démocratie sur le processus de formation des contrats pétroliers et gaziers ? Nous pensons au Congo où c'est le parlement qui valide les contrats. Ainsi, aux termes de l'article 11 de la loi n°2016-28 du 12 octobre 2016 portant Code des hydrocarbures, les contrats pétroliers négociés et signés entre l'État et les contracteurs sont soumis, avant leur exécution, à l'approbation du Parlement.

Dans tous les cas, il s'avère nécessaire, pour plus de cohérence, et partant de sécurité juridique, d'harmoniser le décret 2020-791 du 19 mars 2020 relatif au Registre des bénéficiaires effectifs quant aux critères d'identification du « bénéficiaire effectif » avec l'arrêté 24577

---

[282] L'abrogation du décret n°2020-2047 par l'article 48 du décret n°2023-990 ne doit pas être vue comme une remise en cause des objectifs que l'Etat s'est fixés pour 2030 à savoir atteindre 50 % du contenu local ; lesquels sont également cités dans le rapport de présentation du décret n°2021-248 du 22 février 2021 fixant les modalités d'alimentation et de fonctionnement du FADCL. L'article 12 du décret n°2023-991 abroge le décret n°2021-2048 en toutes ses dispositions.

du 02 septembre 2022 précisant les modalités d'identification, de déclaration, de conservation et de contrôle des informations sur les bénéficiaires effectifs. En effet, selon ces textes, le « bénéficiaire effectif » est respectivement toute personne physique qui détient directement ou indirectement au moins 2% du capital ou des droits de vote de la société déclarante[283] et 25% ou plus des parts du capital ou des droits de vote. Il ne faudrait, dans tous les cas, pas non plus perdre de vue que le décret n°2022-2295 du 28 décembre 2022 portant Code des marchés publics définit le bénéficiaire effectif comme toute personne physique qui possède ou contrôle, directement ou indirectement, la personne morale candidate[284]. En outre, le Code général des impôts a prévu des sanctions pour les entreprises assujetties à la déclaration des bénéficiaires effectifs et qui, dans le délai de six (6) mois à compter de l'entrée en vigueur du décret sur les bénéficiaires effectifs n'ont pas satisfait à cette obligation.

[283] Article 11

[284] Article 4.

LES CLAUSES DE STABILISATION DANS LES CONTRATS PÉTROLIERS ET MINIERS

Bibliographie indicative

CAZALA (J), « La protection des attentes légitimes de l'investisseur dans l'arbitrage international », RIDE, 2009, pp.5-32

DELPECH (X), « La clause du grand-père : une fausse bonne idée ? », AJ contrat 2019, p.453

Dossier *L'éthique : nouvelle stratégie du droit de la distribution ?* AJ contrat 2019, p.461

FEK Matthias, « Les contestations de l'arbitrage d'investissement et les négociations commerciales internationales contemporaines », Cahiers de l'arbitrage, 2019, n°3, p. 413.

LAGARDE (P), « Le nouveau droit international privé des contrats après l'entrée en vigueur de la Convention de Rome du 19 juin 1980 », Rev. crit. DIP 1991. 287

LEBEN (C), « L'évolution du droit des investissements », efaidnbmnnnibpcajpcglclefindmkaj/https://www.sfdi.org/wp-content/uploads/2022/10/Levolution-du-droit-international-des-investissements.pdf, consulté le 02/04/2025 à 18 h 35 mn

ROBE (J.-P), LYON-CAEN (A), « Entreprises multinationales et constitutionnalisation du système mondial de pouvoirs privés », Rev. trav. 2017. 34

UBEDA-SAILLARD (M),« La clause de stabilisation ou préservation de l'équilibre contractuel originel : Le processus de contractualisation en droit international public », RFDA 2018. 22

WATT (H.M), LEMAIRE (S), « Les contrats internationaux de l'administration », Rev. crit. DIP 2005. 557

INTRODUCTION

118. L'engouement du Sénégal pour les ressources naturelles ne date pas d'aujourd'hui. Déjà, en 1960, il y avait une réglementation en matière pétrolière et minière. C'est l'exemple de l'ordonnance n°60-24 du 10 octobre 1960 portant Code pétrolier, du Décret n°61-356 du 21 Septembre 1961 fixant le régime de l'exploitation des carrières. Ce Décret a été modifié en 1972[285]. Nous pouvons également citer la loi n°98-05 du 8 janvier 1998 portant Code pétrolier, la loi n°2003-36 du 24 Novembre 2003 portant Code minier. Ces différentes lois ont été modifiées respectivement par la loi n°2019-03 du 1er février 2019 portant Code pétrolier et la loi n°2016-32 du 8 Novembre 2016 portant Code minier.

119. C'est seulement avec l'effet amplificateur des technologies de l'information et de la communication que l'impression de nouveauté se dégage. Pour s'en convaincre, il n'est que de citer l'affaire Petro-TIM[286]. Dans tous les cas, précisons que la conceptualisation est l'apanage des juristes. Il en est de même de la controverse voire des querelles[287]. Comment alors les contrats d'État (**l'objet des contrats d'État s'inscrit dans le transfert de richesses, leur domaine, les infrastructures et les ressources naturelles**) pouvaient-ils échapper à pareille situation ? Si Pierre MAYER et Charles LEBEN défendent l'idée selon laquelle les contrats d'État sont des contrats de l'État sujet de droit international, tel n'est pas le cas de certains auteurs qui optent pour le contrat-administration. Au-delà, il faut retenir que parmi les contrats d'investissement, il y a les contrats d'État car comme l'écrit Charles LEBEN, tout contrat d'investissement (**L'investissement s'opère par l'acquisition d'actif ou les contrats d'État**) n'est pas un contrat d'État, même si la plupart des contrats d'investissement sont des contrats d'État ; et encore, nous ne nous intéressons qu'à une catégorie de clauses d'investissement à savoir les clauses de stabilisation. Il faudra la distinguer de la clause d'intangibilité par laquelle l'État

285 Décret n°72-868 du 13 juillet 1972 du 13 juillet 1972 modifiant le décret n°61-356 du 21 septembre 1961 fixant le régime de l'exploitation des carrières au Sénégal et abrogeant certaines de ses dispositions (J.O.R.S, 19 août 1972, p.1387).

286 SONKO Ousmane, *Pétrole et gaz au Sénégal, chronique d'une spoliation*, *op.cit.*, 253 pages.

287 GUENZOUI Youssef, « Les querelles doctrinales », RTD Civ. 2013 p.47

s'engage à ne pas modifier unilatéralement le contrat[288]. Par contre, les clauses de stabilisation sont des clauses par lesquels les États s'engagent à figer le droit applicable[289]. Poursuivant dans la même lancée, Nicolas GRAS la définit comme toute stipulation particulière insérée dans un acte juridique et ayant une influence sur celui-ci[290]. Elle suppose également neutralisation du pouvoir normatif de l'État au profit généralement des pouvoirs privés économiques[291].

120. De quoi est-il question lorsque l'on parle des clauses de stabilisation ? On peut répondre en disant qu'il s'agit d'investissement direct étranger[292]. Celui-ci est défini dans le Règlement n°09/2010/CM/UEMOA du 1er octobre 2010 relatif aux relations financières extérieures des États membres de l'UEMOA[293].

La question centrale de notre intervention est relative à la spécificité, à l'utilité de la clause de stabilisation insérée dans les contrats pétroliers et miniers.

Il faut dire que la clause de stabilisation a plusieurs sources : la loi, le contrat[294]. C'est non seulement par une approche axiologique, mais

---

[288] MESTRE Jacques, *Les principales clauses des contrats d'affaires*, Lextenso, 2011, 3e édition, n°70, p.65, sous « Clause d'adaptation ». ; WEIL Prosper, « Les clauses de stabilisation ou d'intangibilité insérées dans les contrats de développement économique », *in* Mélanges Rousseau, 1974, p.308.

[289] FEK Matthias, « Les contestations de l'arbitrage d'investissement et les négociations commerciales internationales contemporaines », Cahiers de l'arbitrage, 2019, n°3, p. 413.

[290] GRAS Nicolas, *Essai sur les clauses contractuelles*, Thèse, Université d'Auvergne, Clermont-Ferrand, 2014, 650 pages

[291] V.FARJAT Gérard, « Les pouvoirs privés économiques », *in* Souveraineté étatique et marchés internationaux, Mélanges Philippe Kahn, CREDIMI, 1e édition , 2000, pp.613 et s.

[292] V. BISSALOUE Sylvie, « La protection des contrats d'investissements privés étrangers en Afrique »,Revue Lamy, droit des affaires, *in* L'arbitrage d'investissement international face aux craintes de la société civile, 2018, pp.24-28.

[293] Article 1er du Règlement n°09/2010/CM/UEMOA du 1er octobre 2010 relatif aux relations financières extérieures des Etats membres de l'UEMOA, l'investissement direct peut consister en la création, l'achat, l'extension d'un fonds de commerce, d'une succursale ou de toute autre entreprise à caractère personnel, d'une opération de cession de contrôle d'une société industrielle, agricole, commerciale, financière, immobilière ou d'extension d'une société contrôlée.

[294] Voir article 33 CRPP Ruffisque Offshore, Sangomar Off shore, Sangomar off shore Profond liant l'Etat du Sénégal au contrat PETROSEN et Woodside.

également sociologique qu'il faudra appréhender la clause de stabilisation.

Au final, relevons que les clauses de stabilisation sont certes favorables à l'investisseur (I), mais éprouvées (II).

I - Des clauses favorables à l'investisseur

121. Nous nous intéressons au pourquoi de la protection (A) et au fondement textuel de la clause de stabilisation (B).

A - Les risques encourus par l'investisseur, raisons de la protection

122. L'investisseur court au moins trois risques :

-le risque politique (c'est l'exemple du changement de Président, de gouvernement. D'où la tentative pour le nouveau gouvernement de modifier les contrats conclus par l'État précédent) ;

-le risque fiscal (aggravation des charges fiscales de l'investisseur);

-le risque de souveraineté (nationalisation, expropriation).

Au regard de ces différents risques, l'investisseur doit, avant tout investissement, considérer le risque pays (politique, économique, social, juridique etc)[295], mais également lors de la conclusion du contrat d'investissement, tout faire pour qu'une clause de stabilisation figure parmi les clauses du contrat. Le fondement légal de ladite clause se trouve tant dans le code pétrolier que minier.

B - Le fondement légal de la clause de stabilisation

123. Les pouvoirs des personnes privées qui contractent avec l'État émanent soit des TBI, TMI, soit des contrats d'État. C'est certainement la raison pour laquelle la thèse de la personnalité internationale des sujets internes a été avancée[296].

---

[295] Le MOCI, *La gestion du risque client à l'international*, Mars 2003, p.12.

[296] C'est parce que ces sujets ont des droits, une capacité d'attraire l'Etat devant un tribunal arbitral international. V. sur cette question , LEBEN Charles, « Quelques réflexions théoriques à propos des contrats d'Etat », *in* Souveraineté étatique et

Une glose de l'article 72 de la loi n°2019-03 du 1er février 2019 portant Code pétrolier devrait nous amener à nous poser au moins quatre questions :

-que stabilise-ton ?

-sur quel référentiel se baser ? En termes autres, à compter de quelle période commence à courir le bénéfice de la clause de stabilisation ?

-pourquoi stabiliser ?

-comment stabilise-t-on ?

En réponse à la première question, remarquons que c'est le contexte législatif et règlementaire postérieur à la date d'entrée en vigueur du contrat qui est visé. C'est dire que le référentiel, et c'est la réponse à la deuxième question, c'est la date d'entrée en vigueur du contrat. On stabilise parce que l'équilibre économique du contrat est bouleversé.

Le législateur a également tenu à préciser que cette clause profite tant à l'État qu'à son contractant. En effet, relevons que la stabilisation s'opère par la non-application des dispositions financièrement aggravantes et l'ajustement des dispositions contractuelles de nature à rétablir l'équilibre économique initial. C'est dire qu'il y a plusieurs catégories de clauses de stabilisation parmi lesquels nous pouvons citer les clauses qui ont recours à **la technique d'incorporation (le droit applicable est le droit de l'État gelé) et les clauses d'inopposabilité (par cette clause, l'État s'engage à ne pas appliquer certaines dispositions de son droit au contrat conclu avec le partenaire étranger)[297].** Une autre classification des clauses de stabilisation supposerait une distinction entre des clauses générale (Dans ce cas, toute mesure ultérieure est visée) et spécifique (Protection des biens de l'investisseur).

124. L'atteinte à l'équilibre instauré par la clause de stabilisation peut s'opérer par des amendements, une annulation. La violation d'une clause de stabilisation peut donner lieu à une responsabilité contractuelle.

125. L'article 27 de la loi n°2016-32 du 8 novembre 2016 portant Code minier dispose que la délivrance d'un permis d'exploitation minière confère au titulaire ayant satisfait à ses obligations le droit à la stabilité des conditions fiscales, douanières comme le prévoit la

---

marchés internationaux à la fin du 20e siècle, A propos de 30 ans de recherche du CREDIMI, Litec, 2000, Volume 20, p.120

[297] V.LEBEN Charles, *op.cit.*, p.165.

convention minière. Pour connaître le contenu de cette convention minière, il faudrait s'imprégner de l'article 117 du même Code. Selon cette dernière disposition, sous réserve du respect des dispositions du Code minier, la convention minière précise les droits et obligations des parties et garantit au titulaire du titre minier la stabilité des conditions qui ont déterminé son engagement. Elle est publiée au Journal officiel de la République du Sénégal, après signature.

Il est conseillé, lorsque l'on rédige la clause de stabilisation d'être clair par rapport au langage (spécifier de quelle législation s'agit-il : est-ce celle en vigueur à la date du contrat ? Quelle doit être la durée de la clause ? A qui profite-t-elle ? (cocontractant, actionnaires, sociétés affiliées ?). Il faudrait également préciser le domaine d'application de la clause de stabilisation (législation fiscale ou douanière).

Au regard des développements qui précèdent, il apparait que le but premier des clauses de stabilisation demeure la protection des investisseurs. Cependant, elles ne font pas l'unanimité au sein de la doctrine quant à leur utilité, outre le fait qu'elles soient limitées.

II - Des clauses éprouvées

126. On trouve les clauses de stabilisation dans les CRPP et les conventions minières. Les clauses de stabilisation sont éprouvées parce que leur utilité n'est pas appréciée de façon homogène (A). En outre, les limites des clauses en question proviennent des textes (B).

A - Des clauses diversement appréciées

127. Si certains auteurs défendent les clauses de stabilisation (1), d'autres en revanche en contestent l'utilité (2).

1 - La défense des clauses de stabilisation

128. Monsieur Charles LEBEN peut être cité parmi les défenseurs de la clause de stabilisation car selon lui, on peut s'emporter contre l'asymétrie de puissance entre le Nord et le Sud, mais concrètement cela n'a aucun effet car il faut favoriser le commerce et les investissements en trouvant des formules juridiques permettant à chacun d'y trouver son compte, mais pas nécessairement le compte idéal qui est hors d'atteinte[298].

2 - La contestation des clauses de stabilisation

129. Elle se justifie par le fait que beaucoup de garanties seraient accordées aux investisseurs. Il s'agit par exemple :

- du traitement juste et équitable dont les manifestations sont : interdiction du déni de justice ; interdiction des mesures arbitraires ; interdiction des mesures discriminatoires ; respect de la bonne foi ; respect des procédures légales ; interdiction du harcèlement ;

-des attentes légitimes[299].

Au regard de toutes ces considérations, il a été dit que la clause de stabilisation peut être source de déséquilibre. En effet, tant d'un point de vue procédural que d'un point de vue substantiel, l'arbitrage d'investissement recèle donc un certain nombre de déséquilibres entre investisseurs et États. Cet état du droit constitue un renversement, l'État pouvant désormais être considéré comme la « partie faible » en arbitrage international[300].

Dans les faits, la pratique des clauses d'investissement est très controversée. Elle apporterait des restrictions souvent excessives aux prérogatives de l'État au détriment de l'objectif d'intérêt général poursuivi par ce dernier. Parallèlement, elle renforcerait le pouvoir des investisseurs étrangers alors que ces derniers sont déjà largement protégés par des conventions internationales liant les États d'accueil. C'est le cas des accords sur l'investissement international qui ont pour seule vocation de protéger les investissements réalisés par les étrangers. Enfin, les clauses de stabilisation protégeraient l'investisseur au détriment des missions de services publics.

Outre le défaut d'unanimité quant à l'utilité de la clause de stabilisation, celle-ci, rappelons-le, est de portée limitée.

---

298 LEBEN Charles, *op.cit.*, p.170.

299 FEKL Matthias, « Les contestations de l'arbitrage d'investissement et les négociations commerciales internationales contemporaines », Cahiers de l'arbitrage, 2019, n°3, p. 413

300 M. FEKL, citant B. WALID, « L'État, partie faible ? », du 9 mai 2016, Clunet 2017, p. 222 précité en note 20, pp. 221-225.

B - Des clauses à l'étendue limitée

130. Le législateur sénégalais, à l'article 72 alinéa 2 de la loi n°2019-03 du 1er février 2019 portant Code pétrolier exclut de la clause de stabilisation, les coûts additionnels occasionnés par une modification de la réglementation en matière de :

-sécurité des personnes ;

-protection de l'environnement ;

-contrôle des opérations pétrolières ou de droit du travail.

Dans tous les cas, les différentes modifications précitées doivent être conformes aux pratiques internationales et non discriminatoires pour un contractant.

Qu'en est-il du Code minier ? Il ne semble pas que celui-ci ait changé d'orientation d'autant que les articles 27 et 117 de la loi n°2016-32 du 8 novembre 2016 portant Code minier sont restés inchangés[301].

[301] V. Egalement les articles 86, 175 du Code minier communautaire de 2023.

LA RÉCEPTION DES PRINCIPES DE POLITIQUE ÉCONOMIQUE DE LA DÉMOCRATIE SOCIALE DANS LE DROIT SÉNÉGALAIS DES HYDROCARBURES

Bibliographie indicative

BRIAND-MELEDO Danièle, « Droit de la concurrence, droit constitutionnel substantiel de l'Union européenne », RTDcom, 2004, p.205

HIRIGOYEN Gérard, SCHILLER Sophie, « Les nouvelles valeurs de l'entreprise », Cahiers de l'entreprise, n°2, Mars 2013, Entretien 2

131. On conçoit peu, en France, que le droit soit un instrument de réforme sociale. On s'en forme une idée assez statique : on le voit facteur d'ordre plus que de justice[302]. En effet, il peut paraître surprenant pour un privatiste d'écrire sur des « principes de politique économique », la « démocratie sociale » comme le ferait un économiste ou un publiciste. Mais c'est oublier que les centres d'intérêts de l'auteur de la présente communication ont partie liée avec les concepts évoqués ci-dessus. Pour nous en convaincre, en droit des sociétés, une de ses matières de prédilection, le concept de démocratie actionnariale y a droit de cité.

132. Dans la présente étude, le concept de « réception[303] » est pris non dans son sens réel à savoir la prédisposition des sujets de droit à adapter leurs comportements à la règle de droit nouvelle, mais plutôt au sens formel c'est-à-dire intégration des valeurs et principes de la

---

[302] TUNC André, « La vie du droit en Afrique », RJPIC, 1978, n°2, p.721. L'auteur relève la différence d'approche d'avec le droit soviétique et américain, pour qui le droit est un outil au service de la société, non telle qu'elle est, mais telle qu'on la désire.

[303] Ce concept a une connotation bien précise en droit comparé et en Afrique où la législation en vigueur demeure largement inspirée de celle européenne.

démocratie sociale dans l'ordonnancement sénégalais des hydrocarbures que l'on pourrait ranger dans la catégorie du droit des investissements[304]. Et d'ailleurs, quel contenu donner à ces valeurs et principes de la démocratie sociale ?

En effet, les valeurs fondamentales de la démocratie sociale sont la liberté, la justice/équité et la solidarité[305]. C'est dire qu'un ordre économique ne devrait pas mener à l'inégalité, à l'exploitation ou à l'injustice[306]. La réalisation des valeurs fondamentales précitées est conditionnée par la prise en compte de trois principes : la croissance[307] (prospérité), l'équilibre social (répartition équitable des revenus et biens) et la durabilité (développement durable). Ces principes s'imposent à l'État d'abord, aux compagnies pétrolières et gazières ensuite. Ils profitent à toutes les générations, anciennes comme nouvelles[308], au secteur privé national, à la main-d'œuvre locale. Ainsi, on peut se poser la question de savoir quelle est l'étendue de la réception des principes de politique économique dans le droit sénégalais des hydrocarbures ?

133. L'étude de ce sujet permet d'appréhender la justesse de la représentation du citoyen quant à la bonne gestion des ressources des hydrocarbures, la réalité du propos de Portalis qui nous dit qu'il faut être sobre de nouveautés[309] pour éviter d'avoir des textes inadaptés, hors-sol, ou qui relèvent plus du mimétisme, de la tendance que de la réalité. L'étude interroge donc la problématique des difficultés d'application des textes et partant leur effectivité[310]. C'est dire que si la réception des principes de politique économique de la démocratie sociale ne souffre d'aucun doute en droit sénégalais des hydrocarbures (I), leur mise en œuvre s'avère difficile (II).

---

[304] V. Sur le droit des investissements, DE NANTEUIL Arnaud, *Droit international de l'investissement*, PEDONE, 2020, 3e édition, 564 pages.

[305] VAUT Simon et *alii*, *Economie et démocratie sociale*, Manuel de la démocratie sociale 2, Friedrich Ebert Stiftung, 2009, 3e édition, p.6

[306] VAUT Simon et *alii*, *Ibid*

[307] Elle est évoquée dans l'exposé des motifs de la loi n°2019-04 du 1er février 2019 relative au contenu local dans le secteur des hydrocarbures.

[308] Dans le rapport de présentation du Décret n°2024-153 du 21 février 2024 fixant les modalités de gestion et d'administration du Fonds intergénérationnel, il est spécifié que ledit fonds profite tant aux générations actuelles que futures.

[309] PORTALIS, *Discours préliminaire*, FENET, *Recueil complet des travaux préparatoires du Code civil*, 1827, t.I, p.465.

[310] V. COMMAILLE Jacques, « Effectivité », *in* Dictionnaire de la culture juridique, Lamy, 2003, pp.583-585.

I - Une réception certaine des principes de politique économique de la démocratie sociale

134. Les principes de politique économique de la démocratie sociale sont réceptionnés dans l'ordonnancement juridique sénégalais à travers l'institution d'un FIG. Un examen approfondi des divers textes relatifs au secteur des hydrocarbures permet d'établir un lien entre ledit fonds et le développement durable car comme le précise l'article 5 de la loi n°2019-03 du 1er février 2019 portant Code pétrolier, la gestion des revenus pétroliers garantit notamment une épargne intergénérationnelle et répond au besoin de développement par la promotion des investissements publics dans des secteurs susceptibles d'augmenter le potentiel de croissance économique du pays (A). En outre, la loi n°2019-04 du 1er février 2019 relative au contenu local dans le secteur des hydrocarbures et celle n°2022-09 du 19 avril 2022 relative à la répartition et à l'encadrement de la gestion des recettes issues de l'exploitation des hydrocarbures constituent une preuve de l'adhésion aux principes sous étude (B).

A - Une consécration perceptible à travers la mise en place d'un fonds intergénérationnel

135. La mise en place d'un FIG avait été annoncée dans la loi n°2019-03 du 1er février 2019 portant Code pétrolier[311], confirmée celle n°2022-09 du 19 avril 2022 relative à la répartition et encadrement de la gestion des recettes issues de l'exploitation des hydrocarbures. Ainsi, aux termes de l'article 7 de cette dernière loi, sont créés par la présente loi :

-le fonds intergénérationnel ;

-le fonds de stabilisation.

Mais c'est surtout l'article 8 de la loi n°2022-09 du 19 avril 2022 qui mentionne l'origine des ressources (une partie des recettes d'hydrocarbures) du Fonds intergénérationnel, la détention exclusive de ce Fonds par l'État et enfin, la gestion de ce fonds par le FONSIS. Ainsi, avec le décret n°2024-153 du 21 février 2024 fixant les modalités de

[311] Article 5 de la loi n°2019-03 du 1er février 2019 portant Code pétrolier.

gestion et d'administration du Fonds intergénérationnel , le FIG a fait son entrée dans l'ordonnancement juridique sénégalais.

Outre le décret sur le FIG traduisant l'idée de réception des principes de politique économique de la démocratie sociale dans le droit sénégalais des hydrocarbures, la loi n°2019-04 du 1er février 2019 relative au contenu local dans le secteur des hydrocarbures et loi n°2022-09 du 19 avril 2022 relative à la répartition et à l'encadrement de la gestion des recettes issues de l'exploitation des hydrocarbures méritent d'être cités.

B - Une intégration des principes de politique économique de la démocratie sociale dans la loi relative au contenu local et la loi n°2022-09 du 19 avril 2022 relative à la répartition et à l'encadrement de la gestion des recettes issues de l'exploitation des hydrocarbures

136. Parmi les objectifs de la loi n°2019-04 du 1er février 2019 relative au contenu local dans le secteur des hydrocarbures, figure le développement de la participation de la main-d'œuvre (...) des capitaux locaux dans toute la chaîne de valeur de l'industrie pétrolière et gazière. En somme, la loi n°2019-04 du 1er février 2019 relative au contenu local dans le secteur des hydrocarbures permettra de « développer l'expertise nationale, les biens et services en vue d'accroitre les entreprises locales aussi bien au niveau national qu'international »[312]. Et il est fait obligation au contractant, sous-traitant, prestataire de service, fournisseur d'établir un plan de contenu local à soumettre au CNCL[313].

---

[312] Rapport de présentation du Décret n°2020-2065 (comment les investisseurs nationaux vont participer au capital des entreprises intervenant dans le secteur pétrolier et gazier ? C'est tout le sens du décret 2020-2065. Ce décret spécifie également le pourquoi de la classification des activités en régime. Il s'agit de la réglementation de l'importation des **biens et services**) du 28 octobre 2020 fixant les modalités de participation des investisseurs sénégalais dans les entreprises intervenant dans les activités pétrolières et gazières et classement des activités de l'amont pétrolier et gazier dans les régimes exclusif, mixte et non exclusif.

[313] Article 6 de la loi n°2019-04 du 1er février 2019 relative au contenu local dans le secteur des hydrocarbures. A examen l'article 7 alinéa 3 de la loi précitée, on peut relever la présence dans le plan de contenu local du plan de succession. En outre, les articles 6 et 7 devraient être complétés par l'article 9 de la même loi qui fait également état du contenu du plan de contenu local.

137. La réalité de certaines valeurs et principes ne fait l'ombre d'aucun doute. C'est l'exemple de la valeur liberté. Celle-ci s'apprécie aussi bien en matière sociale qu'économique. Ainsi, le travail forcé ne saurait être admis puisque tout titulaire d'une autorisation de prospection ou d'un contrat pétrolier a l'obligation de respecter et de protéger les droits humains dans les zones affectées par les opérations pétrolières[314]. Au-delà, une personne impactée par l'activité pétrolière et gazière peut demander indemnisation au titulaire du contrat pétrolier [315] . C'est d'ailleurs tout l'intérêt de la loi n°2017-399 du 27 mars 2017 relative au devoir de vigilance des sociétés mères et des entreprises donneuses d'ordre qui fait obligation aux entreprises d'une certaine taille de tenir un plan de vigilance. Dans tous les cas, les règles du droit du travail n'ont pas été négligées car pouvant constituer une limite à la clause de stabilisation[316]. Sur le plan économique, le principe de la liberté d'entreprendre[317] ainsi que celui de la libre concurrence[318] constituent une réalité en plus de celui du libre choix des partenaires suite à un appel d'offres ou marché publié sur la plateforme de mise en relation.

1 - La promotion de la valeur justice

138. La valeur de « justice » demeure ainsi satisfaite lorsque les Sénégalais ne se sentent pas exclus de l'exploitation des activités pétrolière et gazière que ce soit dans l'amont ou l'aval[319]. Au-delà, il y a la problématique de la préférence nationale, du transfert de technologie, du plan de succession. Ces différents enjeux sont à intégrer

---

[314] Article 54 de la loi n°2019-03 du 1er février 2019 portant Code pétrolier.

[315] Article 57 de la loi n° 2019-03 du 1er février 2019 portant Code pétrolier.

[316] Article 72 de la loi n°2019-03 du 1er février 2019 portant Code pétrolier.

[317] Dans le Code pétrolier de 2019, l'expression « entreprendre » renvoie à l'exercice des activités de prospection, de recherche, d'exploitation, de transport et de commercialisation (article 4, 7 de la loi n°2019-03 du 1er février 2019 portant Code pétrolier).

[318] Pour la concurrence, V. Les deux plateformes électroniques l'une en matière minière, l'autre en matière d'hydrocarbures de mise en relation ainsi que les appels d'offres et marchés qui y sont publiés (article 34 à 39 du décret n°2023-990 portant organisation et fonctionnement du Comité national de suivi du Contenu local dans le secteur des hydrocarbures et des mines).

[319] Sur le secteur aval, V. SOW Birame, *L'encadrement juridique de l'aval des hydrocarbures au Sénégal de la réforme de 1998 à nos jours,* Presses universitaires de Dakar, 250 pages.

dans les « exigences du contenu local », concept qui figure dans certains décrets d'application de la loi n°2019-04 du 1er février 2019 relative au contenu local dans le secteur des hydrocarbures. En effet, la loi en question classe les activités pétrolières et gazières selon les régimes pour essentiellement réglementer les importations des biens et services dans l'optique de maximiser la part de la valeur ajoutée pour le secteur privé national[320]. Ainsi, le régime exclusif est défini dans le rapport de présentation du décret n° 2020-2065 du 28 octobre 2020 fixant les modalités de participation des investisseurs sénégalais dans les entreprises intervenant dans les activités pétrolières et gazières et classement des activités de l'amont pétrolier et gazier comme le régime qui vise les activités dont l'exploitation est exclusivement réservée aux entreprises locales[321]. Il en est de même à l'article 8.4 de la loi n°2019-04 du 1er février 2019 relative au contenu local dans le secteur des hydrocarbures. Cette disposition révèle le pourquoi du régime exclusif à savoir *« la réduction de la quantité de biens et services importés »*. Deux valeurs seront examinées à savoir la justice et la solidarité.

La valeur de la justice est saisie à travers le prisme de la préférence nationale, la priorité d'embauche, d'autres garanties et la capacitation des entreprises locales. La préférence nationale concerne les biens et services liés aux activités pétrolières et gazières qui sont fournies par les entreprises sénégalaises[322]. Mais pour cela, il faut lancer l'appel à concurrence au niveau de la plateforme de mise en relation sauf approbation du CNSCL. Cependant, à l'examen des articles 10 et 11 de la loi n°2019-04 du 1er février 2019 relative au contenu local dans le secteur des hydrocarbures, on peut dire que le principe de préférence nationale profite également et respectivement aux entreprises d'assurance, de réassurances agréés au Sénégal, aux institutions financières établies au Sénégal et aux services intellectuels.

---

320 Rapport de présentation du décret 2020-2065 du 28 octobre 2020 fixant les modalités de participation des investisseurs sénégalais dans les entreprises intervenant dans les activités pétrolières et gazières et classement des activités de l'amont pétrolier et gazier dans les régime exclusif, mixte et non exclusif.

321 Ce décret a été modifié par le décret n°2021-249 du 22 février 2021 modifiant le décret n°2020-2065 du 28 octobre 2020 fixant les modalités de participation des investisseurs sénégalais dans les entreprises intervenant dans les activités pétrolières et gazières et classement des activités de l'amont pétrolier et gazier dans les régimes exclusif, mixte et non exclusif.

322 Article 8.1 de la loi n°2019-04 du 1er février 2019 relative au contenu local dans le secteur des hydrocarbures.

La priorité d'embauche ne devient réalité que si le personnel sénégalais dispose des compétences requises[323]. D'autres garanties telles que le plan de succession, le poste à pourvoir sont également prévues. À travers le FADCL, l'État cherche à capaciter les entreprises locales en ces termes : « ces dispositions contribueront à accroître la compétence locale, notamment la main-d'œuvre et le transfert de technologie afin de renforcer les capacités techniques des entreprises locales. L'objectif étant d'atteindre une participation importante aux activités pétrolières et gazières issues de l'amont et de l'aval[324] ».

Le régime mixte, prévu à l'article 8.4 de la loi n°2019-04 du 1er février 2019 relative au contenu local dans le secteur des hydrocarbures[325] et dans le décret n°2020-2065 du 28 octobre 2020 fixant les modalités de participation des investisseurs sénégalais dans les entreprises intervenant dans les activités pétrolières et gazières et classement des activités de l'amont pétrolier et gazier[326] suppose la co-entreprise[327] entre les entreprises locales et étrangères. C'est ainsi que l'article 5 du décret n°2020-2065 cité plus haut dispose que les entreprises étrangères souhaitant exercer une activité classée dans le régime mixte constitue une association sous forme de société de droit sénégalais avec une entreprise locale, conformément à l'alinéa 3 de l'article 8.4 de la loi n°2019-04 du 1er février 2019 relative au contenu local dans le secteur des hydrocarbures.

---

[323] Article 7 de la loi n°2019-04 du 1er février 2019 relative au contenu local dans le secteur des hydrocarbures.

[324] Rapport de présentation du décret n°2020-2047 du 21 octobre 2020 portant organisation et fonctionnement du Comité national de suivi du contenu local dans le secteur des hydrocarbures.

[325] Il renvoie selon cette disposition aux activités nécessitant une association d'une société étrangère avec une entreprise locale.

[326] Dans le rapport de présentation du décret n°2020-2065, il est dit que le régime mixte concerne les activités qui nécessite une co-entreprise entre les entreprises locales et étrangères.

[327] L'article 8.4 de la loi n°2019-04 du 1er février 2019 parle d' « association ». Dans les lignes directrices n°002/2024/CNSCL-MINES précisant les exigences de contenu local et le mode de soumission des plans de contenu local, la co-traitance a été définie comme la situation dans laquelle le titulaire du titre minier s'associe avec une entreprise locale pour l'exploitation, la production ou l'approvisionnement. L'expression « co-traitance » est également utilisée dans la loi burkinabé n°017-2024/ALT du 18 juillet 2024 relative au contenu local dans le secteur minier (article 3).

2 - La promotion de l'équité

139. Parmi les principes directeurs de la loi n°2019-04 du 1er février 2019 relative au contenu local dans le secteur des hydrocarbures, il y a l'équité dans le partage « des revenus découlant des activités pétrolières et gazières ». Pour avoir une idée précise des modalités de ce partage, un examen de la loi n°2022-09 du 19 avril 2022 relative à la répartition et à l'encadrement de la gestion des recettes issues de l'exploitation des hydrocarbures s'impose. Ainsi, le partage se fait entre le budget général, un Fonds de stabilisation et un Fonds intergénérationnel[328].

140. La beauté et l'intégration des principes de politique économique de la démocratie sociale doivent cependant être lues à l'aune du réalisme et de leur application. Le constat fait est que leur mise en œuvre s'avère difficile.

II - Une difficile mise en œuvre

141. La mise en œuvre des principes de politique économique de la démocratie sociale réceptionnés s'avère difficile pour deux raisons :

-l'existence de quelques zones d'ombre dans les textes (A) ;

-les difficultés d'interprétation de certains textes relatifs aux régimes du contenu local (B).

A - De quelques zones d'ombre

142. Le contrat est à la base de l'exploitation des hydrocarbures. Il a donc une utilité certaine[329]. Afin d'éviter toute suspicion et partant, veiller au respect des règles de transparence, il a été recommandé la mise en place d'une commission d'examen et de négociation des contrats pétroliers, certainement à la faveur d'un supposé scandale dans le contrat liant l'État du Sénégal à PETROTIM. Cependant, un flou existe toujours quant au choix et partant, à la composition des membres de la commission d'examen et de négociation des contrats pétroliers (1). De même, si la voie de la procédure d'appel d'offres semble

[328] Article 12 loi n°2022-09 du 19 avril 2022 relative à la répartition et à l'encadrement de la gestion des recettes issues de l'exploitation des hydrocarbures.

[329] BOY Laurence, « Les utilités du contrat », LPA 10 sept. 1997,n°109, p.3.

privilégiée, elle est loin d'être la seule en raison d'un possible recours à la consultation directe (2).

1 - Le choix des membres de la commission d'examen et de négociation des contrats pétroliers

143. Aux termes de l'article 12 de la loi n°2019-03 du 1er février 2019 portant Code pétrolier, le Ministre chargé des hydrocarbures s'appuie sur une commission d'examen et de négociation des contrats pétroliers pour négocier les contrats. Les règles d'organisation et de fonctionnement de cette commission sont fixées par arrêté du Ministre chargé des hydrocarbures. C'est ainsi que l'article 4 du décret n°2020-2061 du 27 octobre 2020 fixant les modalités d'application de la loi n°2019-03 du 1er février 2019 portant Code pétrolier précise qu'il est créé une Commission d'examen et de négociation des contrats pétroliers, ayant pour mission d'appuyer le Ministre chargé des Hydrocarbures dans l'évaluation des offres techniques et financières reçues dans le cadre d'un appel d'offres ou d'une consultation directe ainsi que dans la négociation des contrats pétroliers. Jusqu'à mieux informé, l'arrêté du Ministre chargé des hydrocarbures désignant les membres de ladite Commission n'a pas été publié. Or, rien ne devrait, de notre point de vue, pouvoir l'empêcher.

Un défaut de transparence est également relevé relativement aux hypothèses de recours à la consultation directe.

2 - Les cas de recours à la consultation directe

144. Le recours à l'appel d'offres international dans le secteur des hydrocarbures n'est pas toujours de mise[330]. Ainsi, il arrive que la voie de la consultation directe soit empruntée dans l'une des trois hypothèses ci-après, prévues dans le décret n°2020-2061 du 27 octobre 2020 fixant les modalités d'application de la loi n°2019-03 du 1er février 2019 portant Code pétrolier à savoir :

-offre spontanée jugée recevable ;

[330] Aux termes de l'article 5 alinéa 3 du décret n°2020-2061 du 27 octobre 2020 fixant les modalités d'application de la loi n°2019-03 du 1er février 2019 portant Code pétrolier, l'attribution d'un bloc par contrat pétrolier s'opère au moyen d'un appel d'offres ou d'une consultation directe.

-appels d'offres infructueux ;

-pour des raisons stratégiques ou d'intérêt national.

Cependant, si l'une des hypothèses de recours à la consultation directe est claire à savoir l'appel d'offres infructueux, tel n'est pas le cas de l'offre spontanée jugée recevable, ainsi que les raisons stratégiques ou d'intérêt national. L'occurrence de ces hypothèses impliquera une collaboration entre le COS-PETROGAZ, le Président de la République et le Ministre en charge des hydrocarbures.

Après l'examen de quelques zones d'ombre, il conviendra d'examiner les difficultés d'interprétation de certains textes relatifs aux régimes du contenu local.

B - Les difficultés d'interprétation de certains textes relatifs aux régimes du contenu local

145. Nous visons ici le régime non exclusif d'une part et le régime exclusif d'autre part.

Le régime non-exclusif est défini dans le décret n°2020-2065 du 28 octobre 2020 fixant les modalités de participation des investisseurs sénégalais dans les entreprises intervenant dans les activités pétrolières et gazières et classement des activités de l'amont pétrolier et gazier dans les régimes exclusif, mixte et non exclusif ; la loi n°2019-04 du 1er février 2019 relative au contenu local dans le secteur des hydrocarbures ne faisant que l'effleurer en ces termes : « le régime non exclusif regroupe les activités à faible potentiel de contenu local[331] ». Dans le rapport de présentation du décret précité, le régime non-exclusif est défini comme étant celui qui instaure une libre concurrence entre entreprises locales et étrangères dans les activités à faible potentiel de contenu local. Quant à l'article 9 alinéa 2 dudit texte, il dispose que toutes les activités relevant de la catégorie du régime non-exclusif sont ouvertes à la libre concurrence entre entreprises étrangères et entreprises locales. Sachant qu'en l'espèce, le secteur privé national n'est pas en mesure de réaliser immédiatement les opérations pétrolières et gazières, il est permis de se demander si elles parviendront à concurrencer les entreprises étrangères.

Concernant le régime exclusif, la question que l'on pourrait se poser est celle de savoir dans quelles catégories de sociétés la participation

---

[331] Article 8.4 alinéa 4.

des entreprises locales se fera. L'article 4 du décret n°2020-2065 semble dire que c'est dans les sociétés intervenant dans le régime exclusif. Or, l'article 8.3 de la loi n°2019-04 du 1er février 2019 relative au contenu local dans le secteur des hydrocarbures précise que le capital de cette entreprise[332] est ouvert aux investisseurs sénégalais selon les modalités fixées par décret, outre le fait que l'article 4 du décret précité ne soit pas une mesure d'application de l'article 8.3, mais plutôt l'article 3 issu du décret n°2020-2065. Ainsi, nous suggérons une reformulation de l'intitulé de l'article 4 du décret n°2020-2065 comme suit : « *des critères d'une entreprise locale* ». Une autre question mériterait également d'être posée : comment la participation doit-elle se faire ? Naviguant dans le flou, le législateur sénégalais énonce à l'article 3 du décret n°2020-2065 que la participation est définie selon « le régime de l'activité en question ». Lequel, serait-on tenté de se questionner ? Est-ce celui du régime mixte vu que les entreprises de droit sénégalais sont créées par des étrangers ? Une question qui mérite clarification. Dans tous les cas, il faudrait une mise en cohérence entre l'article 2 de la loi n°2019-04 du 1er février 2014 relative au contenu local dans le secteur des hydrocarbures qui vise toutes les activités directement ou indirectement liées à la « *distribution des produits pétroliers et gaziers* » et l'annexe au décret n°2021-149 modifiant le décret n°2020-2065 du 28 octobre 2020 intitulée « *classification des activités pétrolières et gazières* » et qui n'a pour domaine d'application que le secteur amont. Ce décret n'a pas été abrogé par celui n°2023-991 du 4 mai 2023 fixant les modalités d'alimentation et de fonctionnement du Fonds d'Appui au Développement du Contenu local dans les secteurs des hydrocarbures et des mines contrairement au décret 2021-248 du 22 février 2021 fixant les modalités d'alimentation et de fonctionnement du Fonds d'appui au développement du contenu local.

[332] Il s'agit des investisseurs sous-traitant, prestataire de services ou fournisseur.

LES PRINCIPES DIRECTEURS DE LA LOI N°2019-04 DU 1er FÉVRIER 2019 RELATIVE AU CONTENU LOCAL DANS LE SECTEUR DES HYDROCARBURES

Bibliographie

MORVAN (P), « Principes », *in* Dictionnaire de la culture juridique, PUF, 2003, pp.1201-1204

146. Si l'on doit les envisager dans la matière contractuelle, on dira que les principes directeurs « guident » le contrat[333]. Seulement, en droit français, lors de la réforme intervenue en 2016, le législateur s'est contenté d'édicter des « *dispositions préliminaires* » évitant ainsi de parler de principes directeurs. Cette situation contraste d'avec celle qui prévaut par exemple dans le Code de procédure civile français car le Titre premier du Livre 1er est certes intitulé « *Dispositions liminaires* », mais le chapitre I dudit Titre a pour dénomination « *Les principes directeurs du procès*[334] ». En droit sénégalais, dans le rapport de présentation du décret 2001-1151 du 31 Décembre 2001 modifiant le Code de procédure civile[335], il est spécifié que : « *Après trente années d'application du Code de procédure civile, il a paru nécessaire de fixer les principes directeurs du procès civil*[336] ». Par principes directeurs de

[333] FABRE-MAGNAN Muriel, *Droit des obligations, 1. Contrat et engagement unilatéral*, PUF, 2021, 6e édition, p.85, n°100

[334] Il en est de même de la matière administrative (ordonnance n°2000-387, 4 mai 2000) et pénale (loi n°2000-516 du 15 juin 2000 « sur le renforcement de la présomption d'innocence et les droits des victimes »). Cette dernière posture du législateur français a certainement influencé son homologue ivoirien (loi n°2022-192 du 11 mars 2022 modifiant la loi n°2018-975 du 27 décembre 2018 portant Code de procédure pénale) tandis qu'au Sénégal, nous n'en sommes pas encore arrivés à ce niveau.

[335] J.O du 22 juin 2002, pp.1288-1296

[336] D'autres pays tels que le Gabon, le Bénin, le Mali et le Burkina ont intégré dans leurs différents codes de procédure civile des principes directeurs.

la loi n°2019-04 du 2 février 2019 relative au contenu local dans le secteur des hydrocarbures, nous entendons les principes à l'aune desquels la loi précitée doit être lue, interprétée par le juge ou les personnes qu'elle intéresse. En clair, les principes permettant de comprendre ladite loi. Il s'agit, selon l'article 4 de la loi n°2019-04 du 1er février 2019 relative au contenu local dans le secteur des hydrocarbures :

-de l'équité dans le partage des revenus découlant des activités pétrolières et gazières ;

-du respect des normes et standards internationaux de l'industrie pétrolière et gazière ;

-de la non-discrimination, la transparence et le réalisme dans la mise en œuvre des obligations relatives au contenu local.

En effet, le contenu local donne la possibilité pour les investisseurs privés nationaux disposant de capacités techniques et financières de pouvoir participer aux risques et aux opérations pétrolières[337]. Ainsi, la loi n°2019-04 du 1er février 2019 relative au contenu local a pour objectif d'augmenter la valeur ajoutée locale et la création d'emplois locaux dans la chaîne de valeur des industries pétrolières et gazières grâce à l'utilisation de l'expertise ainsi que des biens et services locaux, de favoriser le développement d'une main-d'œuvre locale qualifiée et compétitive, de développer les capacités nationales dans la chaîne de valeur de l'industrie pétrolière et gazière par l'éducation, la formation, le transfert de technologie et de savoir-faire et la recherche-développement, de favoriser le renforcement de la compétitivité nationale et internationale des entreprises sénégalaises, de renforcer la participation des populations à la chaîne de valeur des industries pétrolières et gazières[338].

Nous traiterons, en suivant la chronologie imposée par l'article 4 de la loi n°2019-04 du 1er février 2019 relative au contenu local dans le secteur des hydrocarbures, successivement, du partage des revenus découlant des activités pétrolières et gazières (I), du respect des normes et standards de l'industrie pétrolière et gazière (II), de la non-discrimination, la transparence et du réalisme dans la mise en œuvre des obligations liées au contenu local (III).

[337] V. Exposé des motifs de la loi n°2019-03 du 1er février 2019 portant Code pétrolier.

[338] Article 3 de la loi n°2019-04 du 1er février 2019 relative au contenu local dans le secteur des hydrocarbures.

I - Le partage des revenus découlant des activités pétrolières et gazières

147. Les revenus découlant des activités pétrolières et gazières sont également appelés « recettes d'hydrocarbures » dans la loi n°2022-09 du 19 avril 2022 relative à la répartition et à l'encadrement de la gestion des recettes issues de l'exploitation des hydrocarbures. En effet, le partage se fait suivant les règles établies par la loi n°2022-09 précitée. Déjà, les modalités du partage étaient annoncées à l'article 5 de la loi n°2019-03 du 1er février 2019 portant Code pétrolier[339]. Ainsi, lesdites modalités de répartition des revenus sont visées à l'article 12 de la loi n°2022-09 du 19 avril 2022. Ce faisant, c'est la loi de finances initiale qui procède à la répartition des recettes d'hydrocarbures entre le budget général de l'État, le Fonds de Stabilisation et le Fonds intergénérationnel comme suit:

-un maximum de 90 % des recettes de référence abondent le budget général de l'État pour financer le développement du Sénégal ;

-un minimum de 10% des recettes de référence abondent le Fonds intergénérationnel.

À côté de l'équité dans le partage des revenus découlant des activités pétrolières et gazières comme principes directeurs de la loi n°2019-04 du 1er février 2019 relative au contenu local dans le secteur des hydrocarbures, nous avons le respect des normes et standards internationaux de l'industrie pétrolière et gazière.

[339] Aux termes de cette disposition : « *Les modalités (...) de répartition des recettes issues de l'exploitation des hydrocarbures sont déterminées par une loi* ».

II - Le respect des normes et standards internationaux de l'industrie pétrolière et gazière

148. Dans la loi n°2019-03 du 1er février 2019 portant Code pétrolier, l'expression usitée est « *normes et pratiques internationales de l'industrie pétrolière* ». Les normes en question sont la norme ISO 14001[340], les standards API pour la sécurité industrielle, l'interdiction de torchage du gaz[341], le Règlement n°06/2022/CM/UEMOA relatif aux normes et standards environnementaux applicables en matière d'exploration et d'exploitation pétrolière et gazière offshore, les Normes de sûreté, de sécurité, d'environnement et de construction ou « Normes SSEC » observées dans le projet GTA. Dans tous les cas, la protection de l'environnement se fait conformément à ces normes et pratiques[342]. Il en est de même de l'abandon[343], de l'exploitation[344], de la conduite des opérations pétrolières[345].

Le dernier principe directeur à examiner a trait à la non-discrimination, à la transparence, au réalisme dans la mise en œuvre des obligations liées au contenu local.

---

[340] Selon Farid Baddache et Stéphanie Leblanc, la norme ISO 14001 ou performance environnementale est une norme internationale qui a pour objectif de prendre en compte l'environnement dans les activités de l'entreprise ou l'organisation. Son objectif est de concilier le développement économique et le respect de l'environnement. L'idée sous-jacente est de produire mieux avec moins et de recycler plus. BADDACHE Farid, LEBLANC Stéphanie, *Les fiches outils de la RSE*, Eyrolles, 2015, p.276. Sur la notion de norme, V. BOY Laurence, « Normes techniques et normes juridiques », Cahiers du Conseil Constitutionnel, n°21, in *La normativité*, 2002, 34 pages.

[341] Loi sénégalaise n°2023-15 du 2 août 2023 portant Code de l'environnement.

[342] V. Exposé des motifs de la loi n°2019-03 du 1er février 2019 portant Code pétrolier.

[343] Article 2 de la loi n°2019-03 du 1er février 2019 portant Code pétrolier.

[344] Article 32 de la loi n°2019-03 du 1er février 2019 portant Code pétrolier.

[345] Article 52 de la loi n°2019-03 du 1er février 2019 portant Code pétrolier.

III - La non-discrimination, la transparence et le réalisme dans la mise en œuvre des obligations liées au contenu local

149. Les obligations liées au contenu local sont prévues à l'article 58 de la loi n°2019-03 du 1er février 2019 portant Code pétrolier. Elles doivent être observées tant par les titulaires de contrat pétrolier que leurs sous-traitants. La loi n°2019-04 du 1er février 2019 relative au contenu local dans le secteur des hydrocarbures vise, en plus des contractants et sous-traitants, les prestataires de services ou fournisseurs[346], « toute société[347] ». C'est certainement pour être en conformité avec son article 2 qui définit son champ d'application *rationae personae.*

Parler de non-discrimination équivaut-il au respect de la préférence nationale, du plan de succession, à l'égalité dans la concurrence notamment dans le régime non exclusif, au respect des exigences du régime exclusif ? Nous pensons qu'en la matière, ce sont les dispositions des articles 58 de la loi n°2019-03 du 1er février 2019 portant Code pétrolier et 28 du décret n°2020-2047 du 21 octobre 2020 portant organisation et fonctionnement du Comité national de suivi du contenu local (CNSCL) dans le secteur des hydrocarbures, surtout l'article 27 qui s'appliquent. Relevons néanmoins l'abrogation du décret précité par celui n°2023-990 du 4 mai 2023 portant organisation et fonctionnement du CNSCL dans le secteur des hydrocarbures et des mines en son article 48.

En revanche, lorsque l'on parle de transparence, on sait à quoi correspond cette expression. Il s'agit entre autres de la mise en place de la plateforme électronique, de la publication des revenus dus et perçus par l'État, de l'adhésion aux normes ITIE et de l'indication des bénéficiaires effectifs[348].

Le réalisme quant à lui signifie que les titulaires de contrat pétrolier ainsi que leurs sous-traitants ne sont pas tenus :

-de donner la possibilité aux investisseurs privés nationaux qui ne disposent pas de capacités techniques et financières de participer aux risques et aux opérations pétrolières ;

---

346 Articles 6, 7, 11, 7.

347 Article 10.

348 Décret n°2020-791 du 19 mars 2020 relatif au registre des bénéficiaires effectifs.

- d'accorder la préférence aux entreprises sénégalaises pour tous les contrats de construction, d'approvisionnement ou de prestations de services, s'il n'y a pas de conditions équivalentes en termes de qualité, quantité, prix, délais de livraison et de paiement ;

-d'employer en priorité du personnel sénégalais pour la réalisation des opérations pétrolières en l'absence de qualité égale.

En effet, le secteur pétrolier et gazier nécessite de lourds investissements (donc *joint-venture* PETROSEN et compagnie pétrolière/ gazière ou compagnie pétrolière et ou/ gazière et entreprise locale notamment dans le régime mixte), une main-d'œuvre qualifiée (le rôle du CNSCL est de veiller à ce que cela soit une réalité. En outre, le Fonds d'Appui au Développement du contenu local sert à capaciter les entreprises locales, les personnes physiques pour que d'ici 2030, l'on atteigne 50% du contenu local). Ce réalisme contribue fortement à atténuer la vigueur du principe de préférence nationale consacré dans la loi n°2019-04 du 1er février 2019 relative au contenu local dans le secteur des hydrocarbures.

COMMENTAIRES DE LA LOI SÉNÉGALAISE N°2019-04 DU 1er FÉVRIER 2019 RELATIVE AU CONTENU LOCAL DANS LE SECTEUR DES HYDROCARBURES.

150. Sensible aux observations faites par le secteur privé, la société civile, les populations locales, le législateur sénégalais, soucieux de rattraper son retard en matière de contenu local dans le secteur des hydrocarbures et de se conformer aux standards internationaux, a édicté une loi y relative. Celle-ci définit les droits et obligations de toutes les parties impliquées dans l'industrie pétrolière et gazière. En effet, le législateur sénégalais, dans l'exposé de la loi n°2019-04 du 1er février 2019 relative au contenu local dans le secteur des hydrocarbures, objet de notre commentaire, a précisé que les ressources pétrolières et gazières appartiennent au peuple[349] et doivent être exploitées à son profit, comme le prévoit la Constitution[350]. Pour ce faire, le Gouvernement a institué des politiques visant à réaliser les objectifs de croissance économique et de bien-être des populations. Mais il demeure conscient que l'exploration, le développement, l'exploitation, la valorisation et la distribution des ressources pétrolières et gazières nécessitent :

-de lourds investissements,

-de nombreux équipements et technologies.

---

[349] Sur la notion de peuple V. AHADZI-NONOU Koffi, « Réflexions sur la notion de peuple », Revue Afrique Juridique et Politique, Volume 1, N°1, Janvier-Juin, 2002, pp.86-130.

[350] Article 25-1 issu de la loi constitutionnelle n° 2016-10 du 05 avril 2016 portant révision de la Constitution, J.O. N° 6926 du jeudi 07 avril 2016 :« *Les ressources naturelles appartiennent au peuple. Elles sont utilisées pour l'amélioration de ses conditions de vie. L'exploitation et la gestion des ressources naturelles doivent se faire dans la transparence et de façon à générer une croissance économique, à promouvoir le bien-être de la population en général et à être écologiquement durables* ». Cette disposition contient quatre mots clés : appartenance, utilisation, exploitation et gestion des ressources naturelles

151. Sans définir (est-ce d'ailleurs son rôle ?) ces éléments préalables ou nécessaires aux opérations pétrolières[351] ou aux activités en amont[352], le législateur sénégalais fait remarquer qu'il faut les encadrer pour éviter de courir le risque de l'importation majoritaire. Il s'agit là d'un constat réaliste qui ne saurait surprendre dans la mesure où un équilibre est recherché entre l'encouragement de l'investissement d'une part et l'évitement de la dépendance d'autre part. C'est ainsi que les défis liés à la faiblesse des capacités techniques, technologiques et économiques des entreprises locales et ceux afférents à la qualification professionnelle de la main-d'œuvre doivent être relevés pour une meilleure utilisation de celle-ci et une participation des entreprises nationales aux activités pétrolières et gazières. C'est tout le sens de la loi relative au contenu local dans le secteur des hydrocarbures qui, il faut le rappeler, permet au Sénégal de rattraper son retard par rapport à certains de ses homologues africains[353].

152. Le lecteur ayant pris connaissance de certaines dispositions de la loi n°98-05 du 8 janvier 1998 portant Code pétrolier pourrait se demander si le contenu local était réellement ignoré dans la mesure où l'article 53 dudit Code fait par exemple obligation aux titulaires de conventions ou de contrats de services ainsi qu'aux entreprises travaillant pour leur compte, d'accorder la préférence aux entreprises sénégalaises pour tous les contrats de construction. Quant à l'article 34 du même Code, il dispose que le contrat de services à risques de recherche et d'exploitation d'hydrocarbures précise les règles relatives à la formation et à l'emploi de la main-d'œuvre locale, les règles

---

[351] La loi n°2019-03 du 1er février 2019 portant Code pétrolier en son article 2 dispose que les opérations pétrolières renvoient à toutes activités et opérations de prospection, d'exploration, d'évaluation, de développement, de production, de stockage, de transport ou de commercialisation, y compris le traitement et la liquéfaction du gaz naturel mais à l'exclusion des opérations de raffinage, de distribution et de commercialisation des produits pétroliers et gaziers.

[352] Ce sont les activités de prospection, d'exploration, de développement et d'exploitation des hydrocarbures. V. Article 2 de la loi n°2019-03 du 1er février 2019 portant Code pétrolier précitée.

[353] Loi congolaise n°28-2016 du 12 octobre 2016 portant Code des hydrocarbures et plus spécifiquement la loi gabonaise n°011/2014 du 28 août 2014 portant réglementation du secteur des hydrocarbures abrogée par la loi n°002/2019 du 16 juillet 2019 portant réglementation du secteur des hydrocarbures en République gabonaise (article 298) ; loi ivoirienne n°2022-408 du 13 juin 2022 relative au contenu local dans les activités pétrolières et gazières et son décret d'application n°2023-441 du 24 mai 2023 portant modalités d'application de la loi n°2022-408 du 13 juin 2022 relative au contenu local dans les activités pétrolières et gazières.

relatives au transfert des biens et installations fixes[354]. D'ailleurs dans l'exposé des motifs de la loi n°2019-03 du 1er février 2019 portant Code pétrolier, le législateur, même s'il dit abroger et remplacer la loi n°98-05 du 08 janvier 1998, pour tenir compte des enjeux et défis inhérents à l'environnement des hydrocarbures, reconduit les mesures visant à stimuler les activités d'exploration, de développement et d'exploitation d'hydrocarbures tout en apportant des innovations majeures. C'est dire que tout le mérite du législateur de 2019, au-delà de l'institution d'une loi autonome par rapport au Code pétrolier, même si elle est complétée par celui-ci[355], est d'être allé plus loin que dans la loi de 1998 dans la mesure où il vise nommément le transfert de technologie et de savoir-faire, la promotion du secteur financier[356], la recherche-développement.

Pour bien comprendre la loi n°2019-04 du 1er février 2019 relative au contenu local dans le secteur des hydrocarbures, nous commencerons par examiner d'abord les dispositions générales de celle-ci (I), les obligations liées au contenu local (II) ensuite et les sanctions du non-respect des obligations liées au contenu local enfin (III).

I - Les dispositions générales de la loi

Elles sont relatives à la définition du contenu local, aux objectifs et aux principes dégagés par la loi.

153. Le contenu local dans le secteur des hydrocarbures renvoie à l'ensemble des initiatives prises en vue de promouvoir l'utilisation des biens et des services nationaux ainsi que le développement de la participation de la main-d'œuvre, de la technologie et du capital nationaux dans toute la chaîne de valeur de l'industrie pétrolière et gazière.

---

[354] V.LAURIOL Thierry, RAYNAUD Emilie, *Le droit pétrolier et minier en Afrique*, L.G.D.J, 2016, 592 pages

[355] C'est dans la loi n°2019-03 du 1er février 2019 portant Code pétrolier que les obligations en matière de contenu local sont également consacrées et plus spécifiquement à l'article 58 de cette loi.

[356] Il s'agit du secteur bancaire et des assurances. Voir les articles 6 et 10 de la loi n°2019-04 du 1er février 2019 relative au contenu local dans le secteur des hydrocarbures.

Une fois les contours du concept cernés, le législateur sénégalais s'est focalisé sur le champ d'application *rationae materiae* et *personae* de la loi. Ainsi, sont visées les activités de :

-prospection, exploration, développement et exploitation des hydrocarbures ;

-transport et stockage des hydrocarbures ;

-transformation et valorisation des hydrocarbures ainsi que de distribution des produits pétroliers et gaziers.

Il conviendra de relever que la loi relative au contenu local sous étude n'a procédé à aucune définition des notions susvisées. Ce faisant, nous allons nous référer par exemple à la loi n°2019-03 du 1er février 2019 portant Code pétrolier afin d'en avoir une idée claire. Cependant, le législateur a procédé au classement des activités pétrolières et gazières à l'article 8.4 de la loi n°2019-04 du 1er février 2019 relative au contenu local dans le secteur des hydrocarbures[357].

154. Prospecter signifie mener des investigations superficielles et travaux préliminaires de reconnaissance générale destinés à détecter des indices d'existence de gîtes d'hydrocarbures, notamment par l'utilisation de méthodes géologiques, géophysiques et géothermiques[358].

L'exploration renvoie aux activités destinées à découvrir et/ ou délimiter les gisements commerciaux d'hydrocarbures comprenant notamment, les travaux de prospection, les études géologiques ou géophysiques et les forages d'exploration, de délinéation ou d'appréciation ainsi que l'ensemble des travaux liés à l'abandon des gisements n'ayant pas été exploitées et de toutes les installations afférentes aux travaux d'exploration[359]. L'exploitation concerne les activités destinées à l'extraction et au traitement des hydrocarbures à des fins commerciales, comprenant les travaux de production et de

---

357 Il existe trois régimes des activités pétrolières et gazières : exclusif (ce sont les activités pour lesquelles l'Etat du Sénégal se réserve le droit d'octroyer des autorisations de services exclusifs, dans le but de réduire la quantité des biens et services importés. Cependant la qualité du service doit être de mise et les prix encadrés), mixte (Activités nécessitant une association d'une société étrangère avec une entreprise locale. Cette association peut prendre la forme d'un contrat de *joint-venture* ou d'un *consortium*), non exclusif (ce régime regroupe les activités à faible potentiel de contenu local).

358 Article 2 loi n°2019-03 du 1er février 2019 portant Code pétrolier.

359 Article 2 loi n°2019-03 du 1er février 2019 portant Code pétrolier.

traitement des hydrocarbures dans le cadre des réseaux de collecte et de desserte sur la zone d'exploitation ou toute zone adjacente conformément aux dispositions du présent Code et les activités de stockage y afférentes ainsi que l'ensemble des travaux liés à l'abandon des gisements exploités et de toutes les installations y afférentes[360]. Exploiter une ressource naturelle signifie la mettre en valeur, c'est-à-dire la mettre en évidence puis la rendre disponible ; ces opérations nécessitent des phases de prospection, de recherche, de développement et enfin de production/extraction[361].

Quant au développement, il comprend les activités destinées à réaliser des études conceptuelles et d'ingénierie pour évaluer les ressources récupérables, définir le schéma de développement, évaluer la rentabilité du projet et exécuter les travaux[362].

155. Concernant les personnes soumises à cette loi, nous pouvons citer tout contractant, sous-traitant, prestataires de services et fournisseur, participant aux activités pétrolières et gazières. Aux termes de l'article 2 de la loi n°2019-03 du 1er février 2019 portant Code pétrolier, le contractant signifie des personnes morales signataires d'un contrat pétrolier ainsi que toute personne morale bénéficiaire d'un transfert régulier d'un intérêt participatif dans un contrat pétrolier[363]. On constate donc que les personnes physiques ne peuvent être ni signataires d'un contrat pétrolier, ni se voir transférer régulièrement un intérêt participatif dans celui-ci. Ce propos peut d'ailleurs être corroboré par l'article 61 de la loi n°2019-03 du 1er février 2019 portant Code pétrolier en vertu de laquelle les titres miniers d'hydrocarbures sont cessibles et transmissibles à des personnes morales possédant les capacités techniques et financières pour mener à bien les opérations pétrolières. Au-delà des contractants, nous avons les sous-traitants, prestataires de services et fournisseur. Malheureusement, ces différentes activités n'ont pas été définies par le législateur.

La sous-traitance était consacrée à l'article 48 du Décret n°2014-1212 du 22 septembre 2014 portant Code des marchés publics abrogé par le Décret n°2022-2295 du 28 décembre 2022 portant Code des

---

360 Article 2 loi n°2019-03 du 1er février 2019 portant Code pétrolier.

361 LAURIOL (Thierry), RAYNAUD (Emilie), *Le droit pétrolier et minier en Afrique*, L.G.D.J, 2016, p.58, n°73.

362 Article 2 loi n°2019-03 du 1er février 2019 portant Code pétrolier.

363 Pour ce genre de transfert, V. L'article 61 de la loi n°2019-03 du 1er février 2019 portant Code pétrolier.

marchés publics. Il est vrai que le dernier Code cité n'ignore pas les notions de fournitures, prestations intellectuelles, de recherche et développement, de RSE, de sociétés publiques, de contenu local, de bénéficiaire effectif, mais là s'arrête le parallèle établi d'autant que le secteur des hydrocarbures a ses propres règles en matière de passation de marchés. Les articles 8.2 (pour l'acquisition des biens et services, des appels à concurrence peuvent être lancés) et 3 respectivement de la loi n°2019-04 du 1er février 2019 relative au contenu local dans le secteur des hydrocarbures et du Décret n°2022-2295 du 28 décembre 2022 portant Code des marchés publics peuvent nous servir d'appoint.

Dans tous les cas, relevons que la phase d'exploration donne lieu par exemple à une intense sous-traitance avec des spécialistes de forages et l'analyse des données géologiques[364].

156. Les objectifs de la loi sont visés à l'article 3. Il s'agit de développer et promouvoir le contenu local. Ils constituent un triptyque, au-delà de la mise en place d'un mécanisme de suivi-évaluation, transparent et fiable des obligations liées au contenu local, en adéquation avec les politiques publiques nationales, du développement des capacités nationales dans la chaîne de valeur de l'industrie pétrolière et gazière par l'éducation, la formation, le transfert de technologie et de savoir-faire et la recherche-développement, à savoir :

-favoriser le renforcement de la compétitivité nationale et internationale des entreprises sénégalaises, le développement de la main-d'œuvre locale qualifiée et compétitive ;

-augmenter la valeur ajoutée locale et la création d'emplois locaux dans la chaine de valeur des industries pétrolières et gazières grâce à l'utilisation de l'expertise ainsi que les biens et services locaux ;

-renforcer la participation des populations à la chaîne de valeur des industries pétrolières et gazières.

157. En son temps, ces objectifs pouvaient s'apparenter à des propos incantatoires, voire creux, le législateur n'ayant pas pris la peine de définir certains concepts comme la recherche-développement. On pouvait donc subodorer un renvoi par le législateur sénégalais à la Convention internationale de 1990 sur la préparation, la lutte et la coopération en matière de pollution par les hydrocarbures. Les activités *R-D* correspondent aux activités créatives des entreprises, conduites de

---

[364] Le Lamy Contrats internationaux, Typologie des contrats extractifs, lamyline-lamy-fr-s.biblio-dist.ut-capitole.fr, consulté le 03-04-2019, à 22h 29 mn.

façon systématique en vue de développer le stock de connaissances indispensables à la conception de nouveaux produits et procédés de fabrication[365]. Cette *R-D* devient un des éléments décisifs de la concurrence mondiale[366]. Dans ce cas, le Traité révisé de la CEDEAO[367], et le Règlement n°03/2002/CM/UEMOA relatif aux procédures applicables aux ententes et abus de position dominante à l'intérieur de l'UEMOA[368] peuvent corroborer nos propos; le premier pour savoir que le droit communautaire favorise la *R-D*, le second pour voir dans quelle mesure cette activité peut être sanctionnée ou exemptée. Nous suggérons, pour une meilleure vulgarisation des connaissances dans ce domaine, qu'un cours consacré à la *R-D*, soit dispensé dans les universités sénégalaises, voire africaines, comme c'est le cas dans celles européennes[369]. En effet, le contrat de recherche et de développement a pour objet la réalisation d'un programme de recherche fondamentale ou appliquée. La recherche peut être menée de façon unilatérale au profit du donneur d'ordre ou en commun accord, les partenaires concluant ce faisant une *joint-venture* le plus souvent non sociétaire[370]. Il est, au même titre que le contrat de *consortium*, de *joint-venture*, classé dans la catégorie des contrats de production[371]. Suivant la ligne première intitulé « *Les éléments de contenu local* » des lignes directrices n°002/2024.CNSCL-MINES précisant les exigences de contenu local et le mode de soumission des plans de contenu local adoptées le 17 janvier 2024, l'appui à la recherche-développement consiste pour les titulaires de titre minier à aider les sous-traitants ou cotraitants à s'approvisionner en biens et services auprès des fournisseurs et prestataires locaux.

158. Les contours du transfert de technologie et de savoir-faire pourront être définis par les parties dans les différents contrats

[365] A. BUEZLAY, « La problématique de la recherche-développement et de son financement en Europe », RMCUE, 2005, p.561.

[366] E. DEVOUE, « L'Europe et la régionalisation des pays en développement : le cas de la coopération régionale en recherche-développement », RMCUE, 1993, p.718.

[367] Article 27.

[368] Article 6.2.

[369] V. Le cours de N. BINCTIN, M. CARIUS, TH. GISCLARD, *Droit de la recherche et de l'innovation*, cours.unjf.fr, consulté le 04-04-2019, à 13h 50 mn.

[370] CACHARD Olivier, *Droit du commerce international*, LGDJ, 3e édition, n°873.

[371] BEGUIN Jacques, MENJUCQ Michel, *Droit du commerce international*, LexisNexis, 2e édition, 2019, 1430 pages.

pétroliers[372] et celles-ci pourront, en vertu de l'article 9 de la loi n°2019-04 du 1er février 2019 relative au contenu local dans le secteur des hydrocarbures, se faire aider par le Comité national de Suivi du Contenu local, les administrations compétentes et les structures concernées. Mais, pour son effectivité, le transfert de technologie et de savoir-faire doit être exigé dans le contrat sinon nous ne serons pas en présence d'une obligation de résultat, mais plutôt de moyens[373].

159. En strict respect des exigences de la *légistique*[374], la loi relative au contenu local dans le secteur des hydrocarbures consacre des principes directeurs qui sont au nombre de trois : l'équité dans le partage des revenus découlant des activités pétrolières et gazières, le respect des normes et standards internationaux de l'industrie pétrolière et gazière, la non-discrimination, la transparence et le réalisme dans la mise en œuvre des obligations liées au contenu local. C'est à la lumière de ces principes directeurs que le juge interprétera la loi objet de notre commentaire. Ils jouent un rôle fondamental ou normatif à savoir combler les lacunes de la loi dans un droit incomplet et un rôle instrumental qui consiste à assurer le transport des messages qui relient entre eux des systèmes apparemment autonomes[375]. Mais ces principes sont-ils aussi directeurs que cela[376] ? Poser une telle question n'est pas

---

372 Relevons que le contrat dont le régime est relativement exhaustif est le contrat de partage de production. V. Les articles 20 et 34 du nouveau Code pétrolier. A titre d'exemple le CRPP de Woodside et de TotalEnergies.

373 V. sur la question LAURIOL Thierry, E. RAYNAUD, *op.cit.*, pp.447 et s.

374 V. sur la question P.A.TOURE, *La légistique, Technique de conception et de rédaction des lois et des actes administratifs : une tradition de gouvernance normative*, L'harmattant, 2018, 508 pages ; C. BERGEAL, *Rédiger un texte normatif, Manuel de légistique,* Berger Levrault, 7e édition, 2012, 433 pages.

375 (Dir)ALLAND Denis, RIALS Stéphane, « Principes », *in* Dictionnaire de la culture juridique, PUF, 2003, p.1203.

376 Selon le Professeur Joseph DJOGBENOU (DJOGBENOU Joseph, *Code de procédure civile, commerciale, sociale, administrative et des comptes*, Les éditions du CREDIJ, 2014, p27) les principes directeurs sont les règles, tantôt inspirées du droit naturel, soit posées par le législateur, visant à administrer ou à gouverner, en l'espèce, une instance. Ce sont les règles à valeur éthique dont la fonction est de s'assurer une intelligente application autant de la loi que de l'instance. Au sein de la doctrine processualiste française , des distinctions sont opérées entre les principes directeurs et les principes généraux ou fondamentaux de procédure (Ce sont des applications des droits de l'homme généraux ou plutôt des garanties de mise en œuvre des droits de l'homme généraux selon JEULAND Emmanuel, *Droit processuel*, L.G.D.J, 2003, pp.50-51. Ces principes fondamentaux de la procédure peuvent être des droits de l'homme ou de simples principes directeurs, spéc.p.178. Loïc CADIET et *alii* , considèrent l'article 6 de

dénué de pertinence dans la mesure où on ne peut dire avec précision à quoi renvoie l'expression « équité »[377]. Ce partage des revenus se fera en tenant compte de la loi n°2022-09 du 19 avril relative à la répartition et à l'encadrement de la gestion des recettes issues de l'exploitation des hydrocarbures par l'État puisque c'est ce dernier qui gère la politique pétrolière et gazière. Un contrôle est néanmoins nécessaire. Dans tous les cas, ce principe doit être complété par celui de la transparence. Celle-ci correspond à l'adhésion aux principes de l'ITIE[378], aux appels

---

la convention européenne des droits de l'homme comme dégageant des principes directeurs du procès communs à tous les procès et à tous les pays d'Europe, pp.97-98. Pourtant, à la page 203, ils semblent noter une différence entre principes directeurs et principes généraux consacrés par le Conseil d'Etat ou la Cour de cassation ou bien sur le fondement de l'article 6 de la Convention européenne des droits de l'homme ; CADIET Loïc et *alii*, *Théorie générale du procès*, 2e édition, PUF, 2010, 997 pages. *Adde* CROZE Hervé et *alii*, selon qui, les principes directeurs du procès civil ne doivent pas être confondus avec les principes généraux de procédure civile ou de procédure parmi lesquels on trouve le droit d'accéder à la justice qui est un des aspects du droit à un procès équitable consacré par l'article 6-1 de la Convention européenne des droits de l'homme, ainsi que le principe d'égalité des citoyens devant la Justice. Ces principes relèvent aujourd'hui autant du droit des libertés publiques et des droits fondamentaux que de la simple procédure civile ; CROZE Hervé et *alii*, *Procédure civile, Manuel pédagogique et pratique*, LITEC, 2001, p.145 ; (Dir) CABRILLAC Rémy, *Libertés et droits fondamentaux*, Dalloz, 2013, 19e édition, 1001 pages.
En matière civile et plus particulièrement en droit des contrats français, l'ordonnance du 10 février 2016 ratifiée le 20 avril 2018 ne parle pas de principes directeurs, mais de principes généraux. V.BUFFELAN-LANORE Yvaine, LARRIBAU-TERNEYRE, *Droit civil, Les obligations*, 15e édition, SIREY, 2017, p.282 ; *Adde*, CHENEDE François , *Le nouveau droit des obligations et des contrats, consolidations-innovations-perspectives*, Dalloz, 2016, p.21.21.

[377] JESTAZ Philippe, « Les sources du droit : le déplacement d'un pôle à un autre », RTDCiv, 1996, p.299 ; *Adde* C. ALBIGES, « Equité », Répertoire de droit civil, Octobre 2017.

[378] *Extractive Industries Transparency* ou Initiative pour la transparence dans les industries extractives. V. Article 55 du Code pétrolier en vertu duquel les titulaires du titre minier d'hydrocarbures sont tenus de participer aux mécanismes de transparence des paiements qu'ils effectuent à l'Etat.

à concurrence[379], à la publication des contrats pétroliers[380] et des revenus pétroliers[381].

160. Il existe en droit international un principe général de non-discrimination entre les investissements selon leur origine. Celui-ci est prohibé parce que fondé exclusivement sur la nationalité de l'investisseur étranger[382]. À côté de ces principes, il y a celui de réalisme dans la mise en œuvre des obligations liées au contenu local. Il transparait aux articles 7[383], 8.1[384], 10[385] de la loi n°2019-04 du 1er février 2019 relative au contenu local dans le secteur des hydrocarbures

---

[379] V. L'article 13 du décret n°2023-990 du 4 mai 2023 portant organisation et fonctionnement du Comité national de suivi du contenu local dans le secteur des hydrocarbures et des mines concernant la gestion et l'exploitation de la plateforme de mise en relation par le secrétariat technique en charge des hydrocarbures. Les mêmes prérogatives sont dévolues au secrétariat technique en charge des Mines (article 17 du décret n°2023-990). V. Egalement les articles 23, 26 (lancement de l'appel d'offres), 34 (mise en place de deux plateformes électroniques où sont publiés les appels d'offres relatifs aux activités pétrolières et gazières d'une part et minières d'autre part), 37 et 38 du décret n°2023-990 du 4 mai 2023 portant organisation et fonctionnement du Comité national de suivi du contenu local dans le secteur des hydrocarbures et des mines. Enfin, l'article 6 du décret n°2020-2061 du 27 octobre 2020 fixant les modalités d'application de la loi n°2019-03 du 1er février 2019 portant Code pétrolier ne saurait être occulté.

[380] Les décrets d'autorisations d'exploration (article 19 décret n°2020-2061 du 27 octobre 2020 fixant les modalités d'application de la loi n°2019-03 du 1er février 2019 portant Code pétrolier), d'exploitation (articles 21, 26, 29 n°2020-2061 du 27 octobre 2020 fixant les modalités d'application de la loi n°2019-03 du 1er février 2019 portant Code pétrolier) sont publiés au journal officiel. De même, le renouvellement, l'extension et la prorogation d'une autorisation d'exploration d'hydrocarbures sont accordés par décret publié au journal officiel (article 36 décret n°2020-2061 du 27 octobre 2020 fixant les modalités d'application de la loi n°2019-03 du 1er février 2019 portant Code pétrolier). V. Egalement l'article 20 de la loi n°2019-03 du 1er février 2019 portant Code pétrolier concernant la publication au journal officiel du CPP.

[381] Article 56 du Code pétrolier de 2019.

[382] LAURIOL Thierry, E. RAYNAUD, *op.cit.*, pp.388-389.

[383] Les contractants, sous-traitants, prestataires de service et fournisseurs emploient en priorité le personnel sénégalais lorsque celui-ci dispose des compétences requises.

[384] Les entreprises sénégalaises fournissent les biens et services liés aux activités pétrolières et gazières. En l'absence d'entreprises sénégalaises, celles étrangères pourront fournir ces biens et services.

[385] Les contrats d'assurance dont la couverture excède les capacités financières des sociétés d'assurance agréées au Sénégal peuvent, pour leur excédent, être souscrits auprès de sociétés étrangères. De même, les institutions financières établies au Sénégal doivent être sollicitées dans la mesure de leur capacité.

où, malgré la consécration du principe de préférence nationale, les étrangers ne sont pas exclus.

Le principe de préférence nationale est visé à l'article 8.1 de la loi n°2019-04 du 1er février 2019 relative au contenu local dans le secteur des hydrocarbures[386]. En effet, les biens et services liés aux activités pétrolières et gazières sont fournis par des entreprises sénégalaises. Aux termes de l'article 2 du décret n°2023-990 du 4 mai 2023 portant organisation et fonctionnement du Comité national de suivi du contenu local dans le secteur des hydrocarbures et des mines, le fournisseur est toute personne physique ou morale qui se limite à livrer des biens et services au titulaire d'un titre minier sans accomplir un acte de production ou de prestation de services se rattachant aux activités principales du titulaire du titre minier.

Après l'étude des dispositions générales, place à l'examen des obligations liées au contenu local.

II - Obligations liées au contenu local

Nous avons deux catégories d'obligations : les obligations des contractants, sous-traitants d'une part et les obligations du Comité national de Suivi du Contenu local d'autre part. Au rang des obligations des contractants, sous-traitants, fournisseurs et prestataires de services, on dénombre des obligations communes et une obligation spécifique.

161. Les obligations communes sont l'établissement d'un plan de contenu local[387], l'emploi prioritaire du personnel sénégalais[388] ainsi que le recours prioritaire aux services intellectuels, aux opérations financières, la contribution à la réalisation des objectifs du plan stratégique de transfert de technologie, de compétence et de recherche-développement. En raison de l'application immédiate de la loi à toutes

386 Dans le secteur minier, le principe de préférence nationale est consacré par les articles 4, 7, 8, 9 du décret n°2023-979 fixant les modalités de la fourniture locale, des biens et services dans le secteur minier. V. Egalement, l'article 6 de la loi n°2022-17 du 23 mai 2022 relative au contenu local dans le secteur minier.

387 Le contenu du plan local est prévu aux articles 6 et 7 de la loi n°2019-04 du 1er février 2019 relative au contenu local dans le secteur des hydrocarbures.

388 Remarquons que cette priorité ne concerne que les emplois qualifiés et vise les rapports entre entreprises sénégalaises et étrangères vu que ceux qui ne le sont pas vont automatiquement être attribués et de façon prioritaire aux résidents des communautés locales ou de celles avoisinants les lieux où se déroulent les activités pétrolières et gazières.

les activités pétrolières et gazières conduites sur le territoire de la République du Sénégal, les entreprises participant aux activités pétrolières et gazières peuvent solliciter du CNSCL l'octroi d'un délai maximal de douze (12) mois pour se mettre en conformité avec les dispositions de celle-ci. Comment comprendre cette disposition ? En réalité, le verbe « *pouvoir* » utilisé à l'article 14 peut renvoyer à deux situations. D'abord, celle où une entreprise est en règle avec la loi et partant ne sent pas la nécessité de se conformer ; ensuite, la situation où l'entreprise n'est pas en règle et dans ce cas, le verbe « *pouvoir* » se transformera en « *devoir* » ou « *obligation* ».

L'obligation spécifique est celle de l'investisseur. Elle consiste en la création d'une entreprise de droit sénégalais immatriculée au Registre du Commerce et Crédit Mobilier (RCCM). En effet, l'obligation à la charge de l'exploitant étranger d'élire domicile sur le territoire de l'État d'accueil pourra se traduire dans les faits par la création d'une société de droit local ou encore par la création d'une succursale[389]. Cette société sera donc soumise au droit OHADA au regard des articles 1er et 3[390] de l'Acte uniforme relatif au droit des sociétés commerciales et du GIE. Il peut donc s'agir d'une société commerciale par la forme[391] ou par l'objet[392]. Le capital de la société de droit sénégalais créée par l'investisseur est ouvert aux investisseurs sénégalais selon les modalités fixées par décret. Il s'agit du décret n°2020-2065 du 28 octobre 2020 fixant les modalités de participation des investisseurs sénégalais dans les entreprises intervenant dans les activités pétrolières et gazières et classement des activités de l'amont pétrolier et gazier dans les régimes

389 TH. LAURIOL, E. RAYNAUD, *Le droit pétrolier et minier en Afrique*, L.G.D.J, 2016, p.179, n°322.

390 Toutes personnes, quelle que soit leur nationalité, désirant exercer en société, une activité commerciale sur le territoire de l'un des Etats parties, doivent choisir l'une des formes qui convient à l'activité envisagée, parmi celles prévues par le présent Acte uniforme.

391 Il s'agit des SNC, SCS, SARL, SAS et SA.

392 Plus particulièrement d'une société en participation. La référence à cette société se justifie par le fait que le législateur de l'OHADA, à l'article 3 précité ne parle pas de sociétés commerciales par la forme, auquel cas on se serait limité aux sociétés visées par l'article 6 ; mais d'une des formes qui convient à l'activité envisagée. Or ce n'est pas parce que les associés ont décidé de ne pas immatriculer leur société que la société en participation n'est pas une forme de sociétés. Elle dispose d'ailleurs de statuts. V. Sur cette dernière précision, FENEON Alain, *Formulaire de droit des sociétés en Afrique (Ohada), Modèles d'actes, contrats-types et tableaux de synthèse*, LGDJ, 2020, pp.515-522.

exclusif, mixte et non exclusif modifié par le décret n°2021-249 du 22 février 2021.

162. Le Comité national de Suivi du Contenu local (CNSCL) n'est pas en reste. En effet, son rôle est de coordonner l'élaboration du document de stratégie du contenu local qui définit les modalités d'exécution des orientations de l'État en la matière. Les règles d'organisation et de fonctionnement dudit Comité sont précisées par décret notamment le décret n°2023-990 précité. De même, le Comité élabore un plan stratégique de transfert de technologie, de compétences et de recherche-développement. Lorsqu'une entreprise envisage de ne pas recourir à une procédure d'appel à concurrence pour la fourniture de certains biens ou services, le Comité donne son approbation avant que celle-ci n'initie la procédure.

La violation des obligations relatives au contenu local expose le contrevenant à des sanctions lesquelles sont consacrées tant dans la loi n°2019-04 du 1er février 2019 relative au contenu local[393] que celle n°2019-03 du 1er février 2019 portant Code pétrolier[394]. Ainsi, la sanction peut être en nature (exclusion de la plateforme d'appel à concurrence), pécuniaire (amende, non-récupération du coût des activités concernées), contractuelle (interdiction de conclure des marchés liés aux activités pétrolières et gazières).

III - Les sanctions du non-respect des obligations liées au contenu local

163. Le non-respect des obligations liées au contenu local prévues dans la loi n°2019-04 du 1er février 2019 relative au contenu local ainsi que dans ses décrets d'application expose les contrevenants à différentes sanctions. Celles-ci varient en fonction des personnes en présence. Ainsi, le versement de l'amende visée à l'article 70 de la loi n°2019-03 du 1er février portant Code pétrolier concerne les contractants, les sous-traitants, prestataires et fournisseurs. En revanche, la résiliation du contrat pétrolier ne sera préjudiciable qu'au contractant exclusivement[395]. Il en est de même de la non récupération

[393] Article 12.

[394] Article 65

[395] L'article 65 du nouveau Code pétrolier prévoit trois causes de résiliation : la violation des dispositions du Code ou de toute réglementation en vigueur relative aux opérations pétrolières, l'inobservation des dispositions des contrats pétroliers,

du coût des activités concernées. Les sous-traitants, fournisseurs et prestataires qui violent les obligations susvisées seront exclus de la plateforme d'appel à concurrence et se verront interdire de conclure des marchés liés aux activités pétrolières et gazières[396].

164. Dans le secteur minier, nous avons la loi n°2022-17 du 23 mai 2022 relative au contenu local dans le secteur minier qui en son article 7 prévoit les mêmes sanctions que celles en vigueur dans le secteur des hydrocarbures[397]

Conclusion.

Au terme de cette analyse, nous pouvons relever que le législateur sénégalais, à travers cette loi, a voulu rattraper son retard en matière de contenu local, certainement sous la pression de la société civile et des entreprises nationales. Seulement, l'effectivité des règles prévue demeure conditionnée par l'implication de toutes les personnes concernées. C'est dire qu'au-delà des objectifs de ladite loi qui par moment sonnent comme des vœux pieux, beaucoup d'efforts doivent être consentis pour la satisfaction des nombreuses attentes.

---

la liquidation des biens ou règlement judiciaire (on ne comprend pas que le législateur sénégalais continuer d'utiliser une expression dépassée) du titulaire ou des sociétés-mères.

396 V. Egalement les sanctions prévues à l'article 41 du décret n°2023-990 du 4 mai 2023 portant organisation et fonctionnement du Comité national de suivi du Contenu local dans le secteur des Hydrocarbures et des mines.

397 En guise de droit comparé, V. Loi malienne n°2023-041 du 29 août 2023 relative au contenu local dans le secteur minier et plus particulièrement les articles 17 et suivants ; Décret n°2024-0397/PT-RM du 09 juillet 2024 fixant les conditions et les modalités d'application de la loi n°2023-041 du 29 août 2023 relative au contenu local dans le secteur minier ; loi n°017-2024/ALT du 18 juillet 2024 relative au contenu local dans le secteur minier au Burkina Faso et décret n°2024-0878/PRES promulguant la loi n°017-2024/ALT du 18 juillet 2024 relative au contenu local dans le secteur minier

LE RÉALISME, PRINCIPE DIRECTEUR DU SECTEUR EXTRACTIF

Bibliographie indicative

CISSE (O), *Le droit des mines du Sénégal*, L'harmattan Sénégal, 2020, 450 pages

NDIAYE (F), BONNIN (M), « Chapitre 5, Le droit minier », *in* droit de l'environnement marin et côtier au Sénégal, IRD et PRCM, 2016, pp.262-277

NIANG (B.L), « L'immunité d'exécution à la lumière de la jurisprudence de la Cour commune de justice et d'arbitrage de l'OHADA », RAMReS, 2019, pp.121-148.

165. En philosophie, le réalisme est une doctrine qui fait sens car théorisée par plusieurs auteurs tels que Platon[398]. Ledit concept n'est pas absent dans le secteur politique où l'on parle de *realpolitik*. En droit sénégalais, dans le secteur extractif, le réalisme est un principe pris en compte. Pour s'en convaincre, il faut se référer à l'exposé des motifs de la loi n°98-05 du 8 janvier 1998 portant Code pétrolier[399], de la loi n°2019-04 du 1er février 2019 relative au contenu local dans le secteur des hydrocarbures[400] et à l'article 4 de cette dernière loi citée qui fait du

---

[398] LALANDE André, V° Réalisme *in Vocabulaire technique et critique de la philosophie*, PUF, 1926, p.891.

[399] Il est précisé que la réduction importante des budgets d'exploitation des compagnies pétrolières a réduit la compétitivité du Sénégal pour les investissements de recherche pétrolière. C'est ainsi que pour être compétitif le Sénégal devait tenir compte de l'évolution des données énergétiques mondiales, mais aussi offrir aux acteurs potentiels de l'industrie pétrolière, des « *conditions attrayantes et susceptibles de favoriser le développement des investissements pétroliers d'exploration ou de production sur le territoire national* ».

[400] Dans l'exposé des motifs de la loi n°2019-04 du 1er février 2019, il est dit ceci : « *par ailleurs, l'utilisation de la main d'œuvre locale et la participation des entreprises nationales aux activités pétrolières et gazières ne peuvent être optimales que si les défis liés à la faiblesse des capacités techniques,*

réalisme dans la mise en œuvre des obligations liées au contenu local, un principe directeur. Selon le Petit Larousse, le réalisme est la disposition à voir la réalité telle qu'elle est et à agir en conséquence. Il ressort de l'examen de cette définition que le réalisme combine constat et action et recommande de se départir de tout jugement de valeur.

166. Dans l'observance de ce principe, les entreprises ne sont pas en reste ; elles qui ne doivent plus se concentrer que sur la recherche de profit, mais veiller à leur réputation[401]. C'est pourquoi, elles doivent prendre en compte les aspirations des communautés locales ou minières à savoir le développement social et économique. Au-delà, le réalisme suppose l'inclusion. D'où l'importance des lois et textes d'application relatifs au contenu local.

La question principale qui traverse ce sujet est relative au degré d'effectivité du réalisme dans le secteur extractif.

167. Une réflexion sur le présent sujet permet d'appréhender de façon exhaustive la politique minière, pétrolière et gazière de l'État, de mesurer le degré d'effectivité des règles du contenu local, du respect de la *compliance* par les compagnies minières, pétrolières et gazières, de la responsabilité sociale de l'entreprise (RSE). En outre, l'étude permettra de s'imprégner de l'équilibre instauré tant par la loi n°2016-32 du 08 novembre 2016 portant Code minier et le Règlement n°02.2023.CM.UEMOA du 16 juin 2023 portant Code minier communautaire. C'est dire que le réalisme est gage de paix, sérénité et peut servir de guidance à tous les acteurs impliqués.

Pour répondre à la question principale ci-dessus posée , nous dirons que le réalisme est certes manifeste (I), mais mérite d'être repensé (II).

---

technologiques et économiques des entreprises locales et ceux liés à la qualification professionnelle de la main-d'œuvre sont relevés ».

[401] Une société commerciale comme TOTAL est concernée par l'article 1833 du Code civil en vertu duquel « *(...) la société est gérée dans son intérêt social, en prenant en considération les enjeux sociaux et environnementaux de son activité* ». V. Egalement l'article 4.2 de la Convention Etat-hôte dans laquelle les parties déclarent qu'elles n'ont pas violé les lois anticorruption qui leur sont applicables.

I - Un réalisme manifeste

168. La liberté n'a jamais été absente du contrat extractif même si le contenu de celui-ci est réglementé. Il suffit, pour s'en convaincre, d'examiner le contenu des contrats de recherche et de partage de production. Outre l'exigence de capacités techniques et financières pour s'adonner à des opérations extractives et certainement la prise en considération des cas de recours à la consultation directe, on ne peut manquer de relever la collaboration État et investisseur (A)[402] ainsi que l'apaisement du milieu extractif comme manifestations de la prise en compte du réalisme (B).

A - La collaboration État et investisseur

169. L'État, tout autant que le contractant, recherche le profit à travers le contrat de recherche de partage de production et l'Accord État-hôte relatif au Contrat de recherche et de partage de production d'hydrocarbures Rufisque Offshore, Sangomar Offshore, Sangomar Offshore Profond[403] même si ce n'est pas pour des raisons similaires[404]. C'est pourquoi, les intérêts des parties au contrat, loin de s'opposer, sont complémentaires. D'où la délicatesse avec laquelle, elles vont exercer leurs prérogatives telles que le droit de résiliation du contrat[405],

---

402 Les Etats entre eux peuvent également conclure des accords pour l'exploitation des hydrocarbures. V. La loi n°2018-21 du 14 juin 2018 autorisant le Président de la République à ratifier l'Accord de coopération inter-Etats portant sur le développement et l'exploitation des réserves du champ Grand Tortue/Ahmeyim entre le Sénégal et la Mauritanie signé le 09 février 2018 à Nouakchott et la loi 2019-07 autorisant le Président de la République à ratifier l'Acte additionnel à l'Accord de coopération inter-état portant sur le développement et l'exploitation des réservoirs du champ Grand-Tortue/Ahmeyim et relatif au régime fiscal et douanier applicable aux sous-traitants entre la République islamique de Mauritanie et la République du Sénégal signé le 21 décembre 2018 à Nouakchott.

403 L'invocation de cet Accord conserve toute son importance dans la mesure où en application du paragraphe 1.2.1, certaines stipulations dudit Accord priment sur toute stipulation du CRPP qui serait incompatible ou en contradiction avec celles-là. V. Sur cette précision, l'article 1.2.2 de l'Accord Etat-hôte.

404 L'Etat a adhéré aux instruments juridiques précités dans un but de satisfaction de l'intérêt général communément appelé l'intérêt du peuple. Or, tel n'est pas le cas du contractant notamment l'investisseur étranger.

405 Par « contrat » nous entendons ici aussi bien le Contrat de recherche de partage de production de Sangomar que l'Accord Etat-hôte. Ainsi, avant toute résiliation, renonciation ou abandon du CRPP, l'Etat donnera l'opportunité aux entités non

prévoir les conditions de la responsabilité contractuelle[406] par exemple. L'Accord État-hôte relatif au CRPP portant sur les blocs Rufisque Offshore a été signé le 9 janvier 2020 entre l'État du Sénégal[407]. Il a été publié, approuvé par décret n°2020-341 le 27 janvier 2020, date de son entrée en vigueur comme précisé à l'article 1.3.1 de l'Accord . Son objectif est d'apporter des clarifications et/ou des compléments sur certaines dispositions du CRPP portant sur les blocs Ruffisque Offshore et Sangomar Offshore profond afin de *« favoriser l'obtention de financements internationaux pour la mise en œuvre du Projet*[408] ». C'est pourquoi l'État et les autres Autorités publiques « *fourniront un soutien raisonnable au contractant, coopéreront avec lui, conformément aux termes du présent Accord, dans le cadre du Projet et de toutes les Activités du projet et prendront les mesures appropriées nécessaires à la mise en œuvre des termes du présent Accord*[409] ». Une imprégnation de l'objectif précité nous amène à nous interroger sur l'effectivité du principe de préférence nationale dans la mesure où « *sous réserve du respect des clauses des contrats pétroliers, les entreprises participant aux activités pétrolières et gazières doivent recourir aux services des institutions financières établies au Sénégal, dans la mesure des capacités de ces dernières*[410]». En effet, si les capacités des institutions établies au Sénégal font défaut, les entreprises participant aux activités pétrolières et gazières n'ont d'autre choix que

défaillantes de corriger le manquement ou défaut individuel de l'entité défaillante. Si dans le délai de trois (3) mois après mise en demeure le manquement ou le défaut en question n'est pas résolu par l'entité constituant le Contractant défaillante ou les autres entités constituant le Contractant, l'Etat ne peut résilier le CRPP qu'en ce qui concerne l'entité défaillante et non relativement à l'ensemble du Contractant (article 9 de l'Accord Etat-hôte. Cette stipulation contractuelle doit être lue en rapport avec l'article 30 du CRPP)

[406] Selon l'article 10 de l'Accord Etat-hôte, le Contractant est responsable envers l'Etat pour pertes ou dommages subis à la suite d'une violation de l'Accord. Si en principe, PETROSEN ne sera responsable qu'au prorata de sa participation, le Contractant n'est pas responsable pour dommages indirects et dommages punitifs ou exemplaires, ces différentes limites et exclusions ne s'apprécieront pas en cas de faute lourde ou intentionnelle du Contractant.

[407] Article 1er du Décret 2020-341 du 08 janvier 2020 relatif au CRPP pour les blocs de Ruffisque Offshore, Sangomar Offshore Profond.

[408] Article 2 du Décret 2020-341 du 08 janvier 2020. Ledit objectif a été rappelé à l'article 1.2.1 de l'Accord Etat-hôte.

[409] Article 2.1.2 de l'Accord Etat-hôte relatif au CRPP.

[410] Article 10 de la loi n°2019-04 du 1er février 2019 relative au contenu local dans le secteur des hydrocarbures.

de recourir aux institutions financières extérieures. Une clause des contrats pétroliers et gaziers peut-elle exiger le recours à une institution financière ? Le contenu de l'article 10 de la loi n°2019-04 du 1er février 2019 relative au contenu local dans le secteur des hydrocarbures semble ne pas empêcher l'insertion d'une pareille clause. D'ailleurs, pour « noircir un peu le tableau », être « agréé » ou « établi » au Sénégal ne donne pas à l'entreprise qui se trouve dans pareille situation, la qualité d'entreprise sénégalaise.

L'État du Sénégal a élaboré un modèle d'accord d'association entre PETROSEN, société d'État et la société de droit étranger ou pas. L'article 5 de cet accord a prévu la mise en place d'un comité d'opérations[411].

Dans les conventions minières, la découverte de substances minérales donne lieu à la création d'une société d'exploitation. Sans aller jusqu'à parler d'*affectio societatis*, on dira néanmoins que l'État et l'investisseur collabore. Ainsi, il est permis de lire dans certaines conventions minières ceci : « *la société d'exploitation pourra rechercher librement les fonds nécessaires pour financer ses activités. L'État apportera à cet effet son assistance administrative*[412] ».

Partant de l'idée selon laquelle les ressources naturelles appartiennent au peuple, quoi de plus naturel que celui-ci notamment les investisseurs nationaux ou locaux soient associés dans toute la chaîne de valeur de l'industrie[413] ou même que des investisseurs s'engagent à investir annuellement pour le compte du développement social des collectivités locales dans la zone du permis d'exploitation un montant qui sera défini avec l'État ?[414].

---

411 https://senegalcommerce.sec.gouv.sn/Documents/18/Francais/24/Accord%20d'Association%20entre%20la%20Soci%C3%A9t%C3%A9%20Nationale%20des%20P%C3%A9troles%20du%20S%C3%A9n%C3%A9gal.PDF, consulté le 31 août 2024 à 15h 31 mn

412 Article 23.1 de la convention minière conclue entre l'Etat du Sénégal et l'Entreprise Mapathe Ndiouck (EMN) . Il est prévu comme modalité de financement de la construction et du développement de la mine, le financement en fonds propres et/ ou des prêts d'actionnaires ou de tierces parties. Le prêt d'actionnaires renvoie ici au compte-courant d'associés.

413 V. La définition du contenu local à l'article 1er de la loi n°2019-04 du 1er février 2019 relative au contenu local dans le secteur des hydrocarbures. V. Egalement l'article 6 de la loi n°2022-17 du 23 mai 2022 relative au contenu local dans le secteur des mines.

414 Article 23.4 de la convention minière conclue entre l'Etat et l'entreprise Mapathe Ndiouck (EMN).

En plus de la collaboration État et investisseur, l'apaisement du milieu extractif constitue un autre aspect du réalisme.

B - L'apaisement du milieu extractif

170. L'apaisement du milieu extractif se manifeste de plusieurs manières. Sans prétendre à l'exhaustivité, nous pouvons citer :

-l'inclusion à travers la consécration du principe de préférence nationale, l'édiction des régimes exclusif et mixte dans lesquels, respectivement le secteur privé national est en mesure de réaliser des activités, immédiatement, dans le respect des normes et standards de l'industrie pétrolière et les entreprises étrangères souhaitant exercer une activité classée dans le régime mixte constituent une association sous forme de société de droit sénégalais avec une entreprise locale[415] ;

-la prise en compte de l'exploitation artisanale peu mécanisée ;

-le respect des droits des communautés locales ou celles avoisinant les lieux à travers la proposition en priorité aux résidents de ces dernières, des emplois non qualifiés[416].

L'aspect non dubitatif du réalisme ne devrait pas être l'arbre qui cache la forêt surtout au regard des enjeux suscités par la renonciation à l'immunité d'exécution. C'est pourquoi, il est permis de se demander si le réalisme n'est pas à repenser.

II - Un réalisme à repenser

171. Cet intitulé pourrait sonner comme une évidence, une platitude quand on constate que la loi n°2007-25 du 22 mai 2007 a accordé des avantages dérogatoires au Code des investissements et au Code minier pour tout investissement supérieur à 250 milliards et que lesdites exonérations peuvent s'étendre sur une période relativement longue certes mais qui ne saurait excéder par exemple quinze ans. Seulement l'accent sera mis en l'espèce sur la fragilisation de l'État en raison de la renonciation par celui-ci à son immunité d'exécution (A) et la mise à l'écart du droit national (B).

---

415 Décret 2020-2065 modifié par le décret 2021-249

416 Article 7 loi 2019-04 du 1er février 2019 relative au contenu local et article 10 décret 2020-2065 modifié par le décret n°2021-249.

A - La fragilisation de l'État en raison de la renonciation par celui-ci à l'immunité d'exécution

172. La nécessité de protéger l'État et ses démembrements a justifié qu'on lui taille les habits de personne bénéficiant de l'immunité d'exécution. C'est pourquoi l'article 30 de l'AUPSRVE de 1998 disposait que : « l'exécution forcée et les mesures conservatoires ne sont pas applicables aux personnes qui bénéficient d'une immunité d'exécution ». Les bénéficiaires de l'immunité d'exécution visés sont les personnes morales de droit public et les entreprises publiques. Malheureusement, avec le nouvel Acte uniforme, on aura remarqué un changement de paradigme car l'État peut, de façon expresse, renoncer à son immunité d'exécution. Cette prérogative contractuelle s'inscrit en droite ligne des articles 18 et 19 de la Convention des Nations Unies sur les immunités juridictionnelles des États et de leurs biens. De même, une nouvelle lecture de l'article 336 AUPSRVE s'impose car il y a des limites au principe de l'applicabilité exclusive dudit Acte uniforme. En effet, les dispositions de l'AUPSRVE s'appliquent sauf dans les cas où il est renvoyé aux stipulations des conventions internationales ou aux règles applicables dans les États parties. Dans tous les cas, les entreprises publiques qui étaient visées dans l'AUPSRVE de 1998 ne le sont plus dans celui de 2023.

173. La renonciation à l'immunité d'exécution est prévue à l'article 2.2.4 de l'Accord État-hôte relatif au Contrat de Recherche et de Partage de Production d'Hydrocarbures portant sur les blocs Rufisque Offshore, Sangomar offshore et Sangomar Offshore Profond (Accord) signé le 09 janvier 2020 entre l'État du Sénégal , représenté par le Ministre du Pétrole et des Energies et les sociétés Woodside Energy (Sénégal) B.V, Capricorn Sénégal Limited, First Autralian Resources Limited et PETROSEN . Suivant cet article intitulé « renonciation à l'immunité », l'État va fournir une renonciation à l'immunité selon les termes et sous les limitations stipulées à l'article 32.1.17 du CRPP modifié par le paragraphe 12.2.2 de l'Accord État-hôte. Quant à PETROSEN, elle va fournir une renonciation à l'immunité selon les termes usuels dans chaque cas pour tous Contrats de Projet et Accords de Financement auquel l'État ou PETROSEN est partie, y compris l'accord d'association en date du 28 janvier 2005, et tout autre accord qui a déjà été conclu. Les limitations prévues sont les actifs exclus de la renonciation à l'immunité. Or, il se trouve qu'en dehors de l'article 2.2.4 qui vise les actifs gérés par PETROSEN pour le compte de l'État, aucune autre clause n'en parle. L'article 32.1.17.2 quant à lui traite, entre autres, de renonciation par l'État à l'immunité d'exécution.

Du point de vue légal, la renonciation à l'immunité juridictionnelle et d'exécution n'est pas interdite au regard de deux textes :

-La Convention des Nations unies sur les immunités juridictionnelles des États et de leurs biens précitée (articles 18 et 19) ;

-L'article 30 de l'Acte uniforme portant organisation des procédures simplifiées de

recouvrement et voies d'exécution.

Cependant le risque avec les clauses précitées est tel que depuis la loi d'orientation n°2022-08 du 19 avril 2022 relative au secteur parapublic, les sociétés publiques (société nationale ou société à participation publique majoritaire) ne bénéficient plus de l'immunité d'exécution[417].

À notre avis, il n'est pas réaliste pour l'État de renoncer à son immunité d'exécution dans la mesure où il existe un flou quant à la nature des actifs détenus par PETROSEN pour son compte.

Outre la renonciation par l'État à son immunité d'exécution, on se rend compte que par moment, le droit national est mis à l'écart par la convention minière.

B - La mise à l'écart du droit national

174. En considération de l'article 97 de la loi n°2003-36 du 24 novembre 2003 portant Code minier en vertu duquel « sous réserve de dispositions particulières contenues dans une convention minière, tous les litiges relatifs à l'exécution et à l'interprétation des dispositions du présent Code relèvent des cours et tribunaux de la République du Sénégal », un auteur a pu écrire que s'agissant de l'accès aux juridictions, cette protection est fragile car le Code minier accorde un privilège à la convention minière[418]. Il est vrai que les dispositions contraires de la loi précitée ont été abrogées par la loi n°2016-32 du 8 novembre 2016 portant Code minier, mais la position du législateur n'a guère évolué concernant le privilège accordé à la convention minière.

---

[417] L'article 38 de cette loi dispose : « il n'y a pas d'exécution forcée ni de mesure conservatoire contre les organismes publics ».

[418] CISSE Ousmane, *Le droit des mines du Sénégal*, L'harmattan Sénégal, 2020, p.361, n°670

Bien au contraire, en 2016, en plus des dispositions particulières contenues dans une convention minière, il y a celles que l'on peut trouver dans un contrat de partage de production[419]. Il n'est donc pas rare de voir une convention minière exclure l'application du droit étatique, comme c'est le cas de l'article 51 de la convention minière pour grés passée en application de la loi n°2003-36 du 24 novembre 2003 portant Code minier entre le Gouvernement de la République du Sénégal et l'entreprise Mapathe Ndiouck (EMN) qui stipule que sous réserve des articles 32.9 et 42, la présente Convention est régie par le droit du Sénégal en vigueur à la date de la signature de la présente Convention. Ces articles traitent respectivement de l'impossibilité d'expropriation des installations et infrastructures bâties ou acquises de l'Entreprise Mapathé NDIOUCK et de la société d'exploitation sauf en cas de force majeure ou nécessité publique et du règlement des litiges (médiation, arbitrage de la chambre de Commerce International de Paris, CCI). La réticence, qui ne s'impose pas toujours, des investisseurs à saisir les juridictions étatiques reste justifiée par un manque de confiance en l'indépendance et impartialité de celles-ci[420]. Au-delà, nous pouvons citer la facilitation de la cession de la convention minière à un investisseur étranger ayant des habitudes processuelles bien ancrées.

175. A l'examen de l'article 200 du Règlement n°02/2023/CM/UEMOA du 16 juin 2023 portant Code minier communautaire, on voit que ce texte vise le désaccord entre l'État et le titulaire d'un permis minier ou bénéficiaire d'une autorisation dans l'exécution du présent code et de ses Règlements d'exécution. Ladite situation conflictuelle pourrait être réglée à l'amiable par la désignation d'un ou de deux experts indépendants agissant à titre consultatif pour tenter de résoudre le différend. Si les différends nés de l'interprétation ou de l'application d'une convention conclue entre un titulaire de permis minier et un État membre conformément aux dispositions du code n'ont pas trouvé solution à l'amiable, ils peuvent être soumis :

-aux tribunaux de droit commun de l'État membre ayant juridiction ou ;

[419] Article 140 Code minier.
[420] Article 88 de la Constitution

-lorsque la convention minière le prévoit, à un tribunal arbitral constitué en vertu du droit de l'État membre ou encore à un tribunal arbitral international

L'article 200 du Règlement n°02/2023/CM/UEMOA du 16 juin 2023 portant Code minier communautaire pourrait être analysé comme traduisant une volonté des autorités supranationales de restaurer l'utilité des juridictions étatiques. On peut le mettre en corrélation avec l'article 86 du même texte précité qui dispose que la convention minière s'ajoute aux dispositions du code minier mais n'y déroge pas. Cette dernière disposition est plus progressiste que l'article 116 de loi n°2016-32 du 8 novembre 2016 portant Code minier[421]. Dans tous les cas, il est permis de relever que cette bonne intention du législateur communautaire pourrait être battue en brèche vu que le recours à l'arbitrage n'est guère exclu et risque de toujours faire primer la volonté des parties par rapport au juge étatique compétent. Il appartiendra désormais aux juristes défendant les intérêts de l'État et qui souhaiteraient voir appliquer le droit national ou OHADA d'être assez ingénieux en exploitant les possibilités juridiques existantes.

[421] Aux termes de cette disposition : « *L'objet de la convention est de fixer les rapports entre l'Etat et le titulaire du permis de recherche ou du permis d'exploitation pendant toute la durée des opérations minières* ».

COMMENTAIRES DU JUGEMENT RENDU EN ÉTAT DE RÉFÉRÉ LE 28 FÉVRIER 2023 PAR LE TRIBUNAL JUDICIAIRE DE PARIS DANS L'AFFAIRE ASSOCIATION « LES AMIS DE LA TERRE FRANCE », L'ASSOCIATION CONTRE LA SOCIÉTÉ TOTALENERGIES SE

Bibliographie sommaire

FRISON-ROCHE (M.-A), « Le contentieux systémique », Recueil Dalloz, 2024, p.1633.

DANIS-FATOME (A), SACHS (T), « La quête d'un devoir de vigilance effectif : la voie contentieuse s'ouvre (enfin !) », Recueil Dalloz, 2024, p.1556

DE SEGONZAC (A.-D), KARIMA (C), « Première condamnation sur le fondement du devoir de vigilance : quels enseignements en tirer ? », La Semaine Juridique, Edition Générale, n°3-22 janvier 2024, pp.154-155

DIOUF (N), BA (A) et SAMBE (I) « Regards sur le décret n°2001-1151 du 31 décembre 2001 modifiant le code de procédure civile », RSDA, n°1, 2003, pp.237-239.

LE FEVRE (P), STEPHAN (V), « Devoir de vigilance : premières applications pratiques », Recueil Dalloz, 2024, p.1471.

MAVOUNGOU (L), « Les pouvoirs privés économiques à l'épreuve de la loi française sur le devoir de vigilance », RIDE, 2019, pp.49-62.

MERCIER (V), « Le rôle des parties prenantes dans l'évolution du droit des sociétés », BJS, 2019, n°11, p.44.

NDIAYE (N.C), « L'action en défense d'intérêts collectifs en procédure civile sénégalaise », BDE (2017), 2, 12 pages.

PARANCE (B), ROCHFELD (J), « Discussions sur les conditions des actions en conformité au devoir de vigilance », A propos de l'ordonnance du Tribunal judiciaire de Paris du 6 juillet 2023 », La

Semaine Juridique, Edition générale, n°46, 20 novembre 2023, pp.1980-1987

SEMBONGO (R. D), « L'apport des investissements miniers au développement des pays d'Afrique francophones : le cas du Cameroun », Horizons du droit, n°53, pp.47-78

TRAORE (D.A), « Du code vert aux normes vertes, quel modèle d'intégration de la RSE en droit OHADA pour un taux d'investissement toujours en croissance » ?, Horizons du droit, n°32, janvier, 2022, pp.47-68

176. Le 20 mars 2019, la société Total Energies EP a publié son document d'enregistrement universel pour l'exercice clos de 2018, lequel comprenait un plan de vigilance pour l'année 2018. Suivant un courrier en date du 24 juin 2019, six associations ont dénoncé ce plan de vigilance concernant deux projets, TILENGA et EACOP. Ensuite, elles ont mis en demeure la société TotalEnergies SE de « *satisfaire à ses obligations en matière de vigilance eu égard tant aux insuffisances de son plan que de sa mise en œuvre effective ainsi que de sa publication* ».

La société Total Energies EP, suivant courrier en réplique en date du 24 septembre 2019, a défendu son plan. Selon elle, le plan contenait tous les éléments nécessaires à une information adéquate de ses destinataires, les risques d'atteintes graves envers les personnes et l'environnement avaient été correctement identifiés au sein du plan, des mesures adéquates déployées afin de les prévenir ou de les atténuer, sans que celles-ci, spécifiques à chaque projet, n'aient à être détaillées dans ce document. Toujours selon elle, lesdites mesures étaient accessibles au public par le biais des études d'impacts disponibles en ligne.

Dans ces circonstances, les associations ont, le 29 octobre 2019, fait assigner en référé la société TotalEnergies par devant le tribunal judiciaire de Nanterre aux fins principalement d'enjoindre cette société à exécuter ses obligations en matière de vigilance. Suite à cette assignation, la société TotalEnergies a publié de nouveaux plans de vigilance pour les années 2019, 2020 et 2021.

Par ordonnance du 30 janvier 2020, le président du tribunal judiciaire s'est déclaré incompétent au profit du tribunal de commerce de Nanterre. Le 16 mars 2020, les associations demanderesses ont interjeté appel de cette décision. La Cour d'Appel de Versailles a confirmé l'ordonnance déférée en toutes ses dispositions, par arrêt du 10 décembre 2020. Les associations appelantes ont formé un pourvoi en cassation contre décision.

Par arrêt du 15 décembre 2021, la Cour de cassation a partiellement cassé la décision attaquée, au motif qu'il existait au bénéfice des non-commerçants un droit d'option entre le tribunal judiciaire et le tribunal de commerce pour l'action exercée sur le fondement de la loi n°2017-399 du 27 mars 2017 relative au devoir de vigilance des sociétés mères et des entreprises donneuses d'ordre. C'est ainsi que l'affaire a été renvoyée devant la juridiction des référés près le tribunal de Nanterre.

177. Entre-temps, la loi n°2021-1729 du 22 décembre 2021 pour la confiance dans l'institution judiciaire a donné compétence exclusive au tribunal judiciaire de Paris pour connaître des actions introduites sur le fondement de la loi n°2017-399 du 27 mars 2017 relative au devoir de vigilance des sociétés mères et des entreprises donneuses d'ordre. C'est sur cette base que par ordonnance du 21 avril 2022, la juridiction des référés du tribunal judiciaire de Nanterre s'est déclarée incompétente au profit de la juridiction des référés près le tribunal judiciaire de Paris. Cette dernière, le 1er juin 2022 a rendu une ordonnance d'injonction de rencontrer un médiateur. Cependant, même si les parties ont déféré à cette injonction, seule la société TotalEnergies a accepté d'entrer en médiation. A l'audience du 26 octobre 2022, le tribunal judiciaire de Paris, compte tenu de la nature de l'affaire, a procédé à l'audition des professeurs Marie-Anne Frison-Roche, Bruno Deffains et Jean-Baptiste Racine comme *amici curiae*. L'affaire a été entendue à l'audience du 7 décembre 2022.

178. Les associations « Les Amis de la Terre France », « NAPE » et « AFIEGO », dans leurs dernières écritures déposées et soutenues à l'audience précitée, demandent à la juridiction des référés d'enjoindre, sous astreinte de 50.000 euros par jour de retard et dans un délai de 15 jours à compter de l'ordonnance à intervenir, à la société TotalEnergies SE :

1°-d'établir et publier dans son plan de vigilance, à inclure dans son prochain rapport de gestion l'ensemble des mesures de vigilance prévues aux 2°[422] et 5°[423] ;

2°-de mettre en œuvre de manière effective son plan de vigilance conformément aux dispositions du I de l'article L 225-102-4 du code de commerce ;

3°de suspendre les travaux afférents aux projets Tilenga et EACOP, le cas échéant via un ordre donné aux filiales et leurs sous-traitants jusqu'à ce que les mesures de vigilance définies au (1) et leur mise en œuvre définie au (2) soient respectées.

A titre subsidiaire, les associations demanderesses demandent :

-d'accueillir la demande de passerelle fondée sur l'article 837 du code de procédure civile ;

-d'ordonner le renvoi de l'affaire à une audience afin qu'il soit statué au fond ;

-de condamner la société TotalEnergies SE à verser aux associations demanderesses la somme de 5.000 euros en application de l'article 700 du code de procédure civile ;

-de condamner la société TotalEnergies SE aux entiers dépens.

Cependant, pour le tribunal judiciaire de Paris, les griefs et demandes allégués dans la mise en demeure du 24 juin 2019 sont différents de « *manière substantielle* » des demandes et griefs formés au jour des débats devant lui. C'est dire que les griefs faits au plan de vigilance pour l'année 2021 n'ont pas été notifiés à la société TotalEnergies SE par une mise en demeure préalable à la saisine du juge ; d'où l'irrecevabilité des demandes formées par les demanderesses (I). Une fois exposé le contenu de cette décision, nous mettrons en évidence les leçons à tirer de celle-ci (II).

---

[422] Aux termes de l'article L.225-102-4 et 5 du Code de commerce, si la société qui contrôle les filiales ou les sociétés contrôlées, établit et met en œuvre un plan de vigilance relatif à l'activité de la société et de l'ensemble des filiales ou sociétés qu'elle contrôle, les filiales ou sociétés contrôlées qui dépassent les seuils mentionnés au premier alinéa sont réputées satisfaire aux obligations prévues au présent article.

[423] Le 5° de l'article L225-102-4 et 5 précité met en évidence l'idée de publication du plan de vigilance et du compte-rendu ainsi que de leur inclusion dans le rapport de gestion mentionné au deuxième alinéa de l'article L 225-100.

I - L'irrecevabilité des demandes formées par les associations pour défaut de notification des griefs par une mise en demeure

179. Dans la mise en demeure du 24 juin 2019, des griefs ont été évoqués. Ceux-ci sont cependant différents de manière « substantielle » de ceux avancés le jour du débat devant le juge des référés. En effet, par rapport à la demande de 2019, les nouvelles demandes se fondent sur plus de 200 nouvelles pièces par rapport à celles annexées à la mise en demeure de 2019. En termes clairs, s'il est vrai que TotalEnergies SE a publié des plans de vigilance en 2019, 2020, 2021, c'est celui de l'année 2021 qui fait l'objet des critiques et des demandes formées par les demanderesses devant le juge des référés du Tribunal judiciaire de Paris. Ce faisant, il y a lieu de considérer que les griefs, objet des demandes formées par les demanderesses relativement au plan de vigilance pour l'année 2021 n'ont pas été notifiés à la société TotalEnergies SE par une mise en demeure préalable à la saisine du juge, en violation des dispositions susvisées . Ce défaut de mise en demeure préalable à la saisine du juge des référés a entraîné l'irrecevabilité des demandes d'injonction introduites par les demanderesses. Selon le Tribunal judiciaire de Paris, la mise en demeure s'inscrit dans une logique de dialogue et d'échange amiable. On le voit bien, le non-respect de cette mise en demeure entraîne pour conséquence la saisine du juge aux fins d'injonction qui néanmoins nécessite la réunion des conditions posées par les articles 834 et 835 du Code de procédure civile.

En procédure civile, la fin de non-recevoir comme moyen de défense a pour finalité de déclarer irrecevable une demande. Aux termes de l'article 124 du Code ivoirien de procédure civile, commerciale et administrative, est une fin de non-recevoir, tout moyen ayant pour objet de faire rejeter la demande comme irrecevable, sans discuter le fondement de la prétention du demandeur. Quoique ne l'ayant pas définie, se contentant seulement de prévoir les effets d'une demande déclarée irrecevable, à savoir le non-examen au fond de la prétention, le pouvoir réglementaire sénégalais a bel et bien consacré, à l'article 129 *bis* issu du décret n°2001-1151 du 31 décembre 2001 modifiant le Code de procédure civile, la fin de non-recevoir de fond ; lequel doit être mis en corrélation avec l'article 1-2 du même décret, concernant les modes d'extinction non volontaires de l'action en justice[424].

Cette précision ayant été faite, relevons maintenant les leçons à tirer de l'analyse de la décision.

II - Leçons à tirer de l'analyse de la décision

180. L'examen de cette décision de justice aura permis de se faire une idée de la société TOTALEnergies. Ainsi, ladite société :

-est composée de 1140 filiales implantées sur cinq (5) continents et plus de cent trente pays (130) ;

-emploie, approximativement, cent mille salariés ;

-exerce des activités d'exploration, de production et de distribution d'énergie ;

-est soumise depuis le 28 mars 2017, à la loi n°2017-399 du 27 mars 2017 relative au devoir de vigilance.

En effet, cette dernière loi citée impose à des sociétés, à la clôture de deux (2) exercices consécutifs, employant au moins cinq mille salariés en leur sein ou au sein de leurs filiales directes ou indirectes implantées en France ou au moins dix mille salariés en son sein et dans ses filiales directes ou indirectes dont le siège social est fixé en France ou à l'étranger, d'établir et de mettre en œuvre, de manière effective, un plan de vigilance.

Ledit plan de vigilance comporte cinq mesures, jugées « générales », par le juge, à savoir :

-Une cartographie des risques destinée à leur identification, leur analyse et leur hiérarchisation ;

-Des procédures d'évaluation régulière de la situation des filiales, des sous-traitants ou fournisseurs avec lesquels est entretenue une relation commerciale établie, au regard de la cartographie des risques ;

-Des actions adaptées d'atténuation des risques ou de prévention des atteintes graves ;

---

[424] Sur les rares commentaires de ce décret, V. DIOUF Ndiaw, BA Amady et SAMBE Ibrahima, « Regards sur le décret n°2001-1151 du 31 décembre 2001 modifiant le code de procédure civile », RSDA, n°1, 2003, pp.237-239.

-Un mécanisme d'alerte et de recueil des signalements relatifs à l'existence ou à la réalisation des risques, établi en concertation avec les organisations syndicales représentatives dans ladite société ;

-Un dispositif de suivi des mesures mises en œuvre et d'évaluation de leur efficacité.

Le plan de vigilance est élaboré avec les parties prenantes[425], état de fait rappelé à la page 18 de la décision par le juge en ces termes: « *en respectant la pluralité des points de vue des parties prenantes en les associant à l'élaboration du plan, cette concertation, d'une part, est de nature à assurer une meilleure définition du périmètre de vigilance et, d'autre part, à réduire considérablement les risques de contentieux mettant en cause la pertinence du plan, si celui-ci a été défini et validé avec les parties prenantes* » et doit veiller à l'atteinte envers les personnes et l'environnement. Dans cette dernière remarque, c'est l'idée de prévention qui est visée. Dit autrement, les sociétés françaises concernées par la loi n°2017-399 du 27 mars 2017 sur le devoir de vigilance doivent prévenir les atteintes graves aux droits humains, à l'environnement, à la santé et à la sécurité des personnes et afin, comme l'a spécifié le juge dont la décision est l'objet de notre commentaire, d'« *éviter la survenance de dommages s'y rapportant* ».

Une fois rédigés, le plan de vigilance, le compte-rendu de sa mise en œuvre effective sont publiés et inclus dans le rapport de gestion mentionné au deuxième alinéa de l'article L225-100 (1) du Code de commerce français.

181.Au-delà, une fine analyse de cette décision permet d'appréhender les nombreuses sources de la RSE telles que les Principes des Nations unies relatifs aux entreprises et aux droits de l'homme. En effet, la RSE[426] est non seulement une préoccupation mondiale, mais également une réalité en Afrique. On la perçoit aussi bien dans des textes ayant déjà fait leur entrée dans l'ordonnancement

[425] Le juge, à la page 18 de la décision, parle de « co-construction et de dialogue entre les parties prenantes de l'entreprise et l'entreprise » d'où la mise en demeure comme préalable à la saisine.

[426] Faisons remarquer que la définition de la RSE à laquelle se réfère le juge français dans la décision commentée (le juge parle à la page 15 d'intégration volontaire de préoccupations sociales, environnementales et économiques dans leurs activités et dans leurs interactions avec les parties prenantes) n'est plus d'actualité et venant du juge en question, cela pourrait paraître curieux, surtout qu'il était chargé d'appliquer la loi n°2017-399 du 27 mars 2017 relative au devoir de vigilance des sociétés mères et des entreprises donneuses d'ordre, réputée contraignante.

juridique[427] que dans ceux qui seront certainement adoptés plus tard (code des investissements CEDEAO). Dans tous les cas, en France, après l'ordonnance du juge des référés du Tribunal judiciaire de Paris sous étude, d'autres décisions ont été rendues par le juge de la mise en état[428] du Tribunal Judiciaire de Paris et cette juridiction elle-même[429]. Il faut le rappeler, la saisine du juge en l'espèce n'était conditionnée par aucune exigence de qualité à agir puisqu'il suffisait juste, au regard de l'article L225-102-4 et 5 du Code de commerce français, d'avoir un intérêt à faire valoir.

---

[427] Nous pouvons citer le Règlement n°02/2023/CM/UEMOA du 16 juin 2023 portant Code minier communautaire (l'article 1er du Règlement définit la RSE comme étant l'impact des décisions et des activités sur la communauté et l'environnement se traduisant par un comportement transparent et éthique. Quant à l'article 88 du même Règlement, il dispose que les entreprises minières doivent mettre en œuvre une RSE et l'Etat doit y veiller), l'Acte uniforme relatif au droit des sociétés commerciales et du groupement d'intérêt économique (consécration de la règle *comply or explain* par l'article 831-2 alinéa 2 de l'AUSCGIE), les Traités bilatéraux d'investissements (Accord entre le Canada et la République du Sénégal concernant la promotion et la protection des investissements. L'article 16 de cet accord est intitulé « *Responsabilité sociale de l'entreprise* »), la loi sénégalaise n°2018-25 du 12 novembre 2018 portant Code forestier (L'article 2 de cette loi dispose que les accords entre groupes d'intérêts locaux peuvent être entérinés par les collectivités territoriales. Cet accord définit les principes et modalités de protection et gestion durable des ressources forestières. Lesdites collectivités peuvent , quant à elles, conclure des conventions locales, Article 17), la loi sénégalaise d'orientation n°2021-28 du 15 juin 2021 relative à l'économie sociale et solidaire (définition de la RSE à l'article 2) et la loi n°002/2019 du 16 juillet 2019 portant réglementation du secteur des hydrocarbures en République Gabonaise (article 168 et 169). Parmi les sources souples de la RSE, nous pouvons citer :
-La Directive CEDEAO portant sur l'harmonisation des principes directeurs et des politiques dans le secteur minier (nécessité de promotion et protection des droits de l'homme, référence au *Global compact* des Nations Unies)
-Les chartes (la charte RSE et développement durable des entreprises du Sénégal, Charte de la Diversité des entreprises au Sénégal de l'*Initiative RSE Sénégal*)
-Le Guide relatif à l'émission dans l'UMOA d'obligations vertes, sociales et durables sur le marché financier régional.

[428] PARANCE Béatrice, ROCHFELD Judith, « Discussions sur les conditions des actions en conformité au devoir de vigilance », A propos de l'ordonnance du Tribunal judiciaire de Paris du 6 juillet 2023 », La Semaine Juridique, Edition générale, n°46, 20 novembre 2023, pp.1980-1987.

[429] DE SEGONZAC (A.-D), KARIMA (C), « Première condamnation sur le fondement du devoir de vigilance : quels enseignements en tirer ? », La Semaine Juridique, Edition Générale, n°3-22 janvier 2024, pp.154-155

QUELLE COMPLIANCE POUR LES COMPAGNIES PÉTROLIÈRE ET GAZIÈRE EXPLOITANT LE BASSIN SÉDIMENTAIRE SÉNÉGALAIS ?

Bibliographie indicative

AKAM AKAM (A), *Les deux visages de la juridicité, Ecrits sur le droit et la justice en Afrique*, L'harmattan, 2020, 438 pages.

BELPORO (CH), *La responsabilité des entreprises multinationales pour les violations des droits de l'homme en Afrique*, Opportunités et défis, L'harmattan, 2017, 197 pages

DANIS-FATOME (A), « La responsabilité civile dans la loi relative au devoir de vigilance des sociétés mères et des entreprises donneuses d'ordre », Recueil Dalloz 2017 p.1610

DE SEGONZAC (A.-D), KARIMA (C), « Première condamnation sur le fondement du devoir de vigilance : quels enseignements en tirer ? », La Semaine Juridique, Edition Générale, n°3-22 janvier 2024, pp.154-155

DELGA (J), « De l'éthique d'entreprise et de son cynisme », Recueil Dalloz 2004 p.3126

DEUMIER (P), « Chartes et codes de conduite des entreprises : les degrés de normativité des engagements éthiques », RTD Civ. 2009 p.77

(Dir) DEBAT (O), *Vers une autorégulation de l'éthique des activités économiques, entre incitations et contraintes*, LexisNexis, 2022, 137 pages

(Dir) MERCIER Virginie, SALZER (J), *RSE et médiation*, PUAM, 2018, 168 pages

(Dir) MARTIN-CHENUT Kathia, De QUENAUDON René, *La RSE saisie par le droit*, PEDONE, 2016, 717 pages

FAMILY (R), « La responsabilité sociétale de l'entreprise : du concept à la norme », Recueil Dalloz 2013 p.1558

FRISON-ROCHE (M.-A),

- « Le droit de la compliance », D. 2016, p. 1871.

- « Contrat de compliance, clauses de compliance », Recueil Dalloz 2022 p.2115

- « Compliance et conformité : les distinguer pour les articuler » Recueil Dalloz 2024 p.497

HAMELLE (A), Un exemple de bonnes pratiques en matière de compliance, RLDA 2017/125, n° 6189.

MESTRE (J), « Compliance », Revue Lamy Droit civil, N° 181, 1er mai 2020

PAILLUSSEAU (J),

-« La notion de groupe de sociétés et d'entreprises en droit des activités économiques », Recueil Dalloz 2003 p.2346

-« le droit des activités économiques à l'aube du XXIe siècle », Recueil Dalloz 2003 p.260

- « Mais qu'est-ce que l'entreprise ? », La Semaine Juridique Edition Générale n° 48, 26 Novembre 2018, 1232

PARANCE (B), « Réactivité et adaptation au cœur des exigences de la compliance », Gaz. Pal. 19 juin 2019, hors-série, p. 46.

182-La morale et l'éthique, n'ont jamais été antinomiques du droit en général et du droit des affaires en particulier. C'est tout l'intérêt des travaux de Philippe Le Tourneau[430]. Cette vérité d'évidence l'est également concernant l'obligation faite aux entreprises de se conformer à la règle de droit. Cependant, il semble moins évident d'assimiler *compliance* et conformité comme le précise si bien Marie-Anne Frison Roche[431].

183-Quelques précisions. Il existe plusieurs conceptions de la *compliance* : une vision restrictive et une vision large. Dans sa vision réductrice, la *compliance* est perçue comme la soumission à la loi[432].

---

430 LETOURNEAU Philippe, « L'éthique des affaires et du management au XXIème siècle », Dalloz, Paris, 2000, p. 67.

431 FRISON-ROCHE Marie-Anne, « Compliance et conformité : les distinguer pour les articuler », Recueil Dalloz, 2024, p.497. Du même auteur, « Contrat de compliance, clauses de compliance », Recueil Dalloz, 2022, p.2115.

432 COLLARD Christophe, ROQUILLY Christophe, *Performance juridique, pour une vision stratégique du droit*, L.G.D.J, 2010, p.165, n°104

En revanche, dans une vision large[433], en plus de la loi, l'entreprise intègre d'autres valeurs telles que la norme, les codes de conduite, chartes éthiques. Tous ces instruments, ainsi que les procédures telles que le contrôle interne, font partie du périmètre de la *compliance*[434]. Au-delà de l'équation posée par les conséquences de non-conformité (dommage financier, perte de réputation, mise en jeu de responsabilité civile ou pénale[435]), la *compliance* renvoie à l'aptitude de l'entreprise à mettre en place des dispositifs, process et programmes[436] lui permettant de créer une culture de la conformité, conformément aux valeurs qu'elle souhaite respecter et aux objectifs qu'elle désire atteindre[437]. Il conviendra de préciser que les manifestations de la *compliance* sont la règle *comply or explain*, le rapport de contrôle interne[438], l'alerte interne ou *whistleblowing*.

Tableau illustratif des contours de la *compliance*

Soumission de l'entreprise à la loi	Autres systèmes de valeurs institués par le législateur (norme, codes de conduites, chartes éthiques)	dispositifs, procédures, programmes

Sources

COLLARD (Ch), ROQUILLY (Ch), *La performance juridique, pour une vision stratégique du droit dans l'entreprise,* L.G.D.J, pp.165-166.

[433] V. Christophe Rocquilly cité par VERDUN Franck, *Le management stratégique des risques juridiques*, LexisNexis, 2013, n°227. Dans ledit numéro, une distinction est opérée entre éthique (application de ce qui est moralement acceptable) et *compliance.*

[434] VERDUN Franck, *Ibid*

[435] VERDUN Franck, *Ibid*

[436] Sur la définition des programmes de conformité, V. VERDUN Franck, *Le management stratégique des risques juridiques*, *op.cit.*, n°23.

[437] COLLARD Christophe, ROQUILLY Christophe, *op.cit.*, p.166.

[438] Sur la définition du contrôle interne, V. NURIT-PONTIER Laure, ROUSSEAU Stéphane, *Risques d'entreprise : quelle stratégie juridique ?* , L.G.D.J, 2012, p.90. V. Egalement les textes OHADA qui parlent de contrôle interne : 829-1, 831-2 AUSCGIE.

NURIT-PONTIER (L), ROUSSEAU (S), *Risques d'entreprise : quelle stratégie juridique ?* L.G.D.J, 2012, p.223.

VERDUN (F), *Le management stratégique des risques juridiques*, LexisNexis, 2013, n°227.

Le but de la *compliance* c'est de lutter contre le risque juridique lequel désigne toute situation où le droit, méconnu ou appliqué mal à propos, a retardé ou rendu impossible la réalisation de projets ou d'opérations[439].

184-La question que l'on pourrait se poser est celle de savoir si la *compliance* est une réalité au Sénégal et dans l'affirmative quelle est la nature de celle des compagnies pétrolière et gazière exploitant le bassin sédimentaire sénégalais lequel fait partie du vaste bassin Ouest-africain qui regroupe la Mauritanie, la Guinée Bissau, la Gambie, la Guinée Conakry et le Sénégal.

Cette étude présente plusieurs intérêts car elle permet d'appréhender l'importance de la culture de la *compliance* (on la retrouve beaucoup plus chez les grandes entreprises capables d'avoir un *compliance officer* en leur sein[440]), le rôle des dirigeants en la matière (loi française 2016 ou sapin 2 vise les présidents, les directeurs généraux et les gérants des sociétés et EPIC ou des filiales dont la société mère a son siège social en France) et celui des pouvoirs publics (le 30 mars 2011, le Ministre de la justice anglais avait publié des lignes directrices permettant aux entreprises de mettre en place des procédures adéquates de présomption du risque de corruption[441]).

185. Sans être définie, l'expression « compagnie pétrolière » apparaît dans l'exposé des motifs de la loi n°98-05 du 8 janvier 1998 portant Code pétrolier. Il en est de même de celui de la loi n°2019-03 du 1er février 2019 portant Code pétrolier . Dans le décret d'application dudit Code, il est question de « société pétrolière privée demanderesse[442] ».

---

439 VERDUN Franck, *op.cit.*, n°127, 230

440 Linda ARCELIN-LÉCUYER, « Les stratégies volontaires d'anticipation du risque concurrentiel », RLDA, Lamy Droit des affaires, 31 janvier 2014, p.103.

441 VERDUN Franck, *Le management stratégique des risques juridiques*, *op.cit.*, n°9 et 25.

442 Article 8 du décret n°2020-2061 du 27 octobre 2020 fixant les modalités d'application de la loi n°2019-03 du 1er février 2019 portant Code pétrolier.

Pour répondre à la question posée, nous identifierons d'abord les exigences *compliance* à observer (I), ensuite le complément à ces exigences par la norme ITIE (II).

I - Identification des exigences compliance extra-territoriales à observer

186. En vertu du principe de la territorialité des lois, une loi adoptée dans un pays donné, n'a pas vocation à être invoquée en dehors dudit territoire. Pourtant, loin d'être absolu, ce principe connaît des limites perceptibles tant dans certains textes d'origine anglo-américaine (A) que française (B).

A - Les textes anglo-américains

187. Il s'agit du *Foreign Corrupt Practices Act (FCPA)* de 1977 et de la *UK Bribery Bribery Act* d'autre part. Ce faisant, les entreprises concernées sont British Petroleum **(BP)**, **KOSMOS Energy** (cotée à London et à New York), **TOTALEnergies** (est candidat à la cotation à la bourse de New York)

Tableau symptomatique de la conformité

FAITS RÉPRÉHENSIBLES	PERSONNES VISÉES	MOYENS D'EXONÉRATION
Le *Foreign corrupt Practices Act* de 1977 incrimine la corruption d'agent public étranger pour assurer un avantage indu afin d'obtenir ou conserver un marché.	Les sociétés américaines et les sociétés étrangères cotées aux États unis	
Le UKBA incrimine la corruption d'agent public ou privé étranger qui est le fait des employés, filiales	Toute personne morale dans le monde ayant une activité même	Mise en place de procédures adéquates conçues pour prévenir de tels actes

ou agents d'une personne morale dans le monde ayant une activité même partielle au Royaume uni fournissant des services pour le compte de la personne morale	partielle au Royaume-Uni	

188. À côté des textes anglo-américains, nous avons la législation française.

B - Les textes français

189. Il s'agit de la loi n°2016-1691 du 9 décembre 2016 relative à la transparence, à la lutte contre la corruption et à la modernisation de la vie économique d'une part et de la loi n°2017-399 du 27 mars 2017 relative au devoir de vigilance des sociétés mères et des entreprises donneuses d'ordre.

Sociétés concernées	**Nature des obligations**	**Sanctions prévues**	**Articles**	**Lois**
-Les sociétés et EPIC employant au moins 500 salariés et dont le chiffre d'affaires est supérieur à 100 millions d'euros - ou les sociétés	-Prendre les mesures destinées à prévenir et à détecter la commission en France ou à l'étranger de faits de corruption ou de trafic d'influence selon les modalités ci-après : un code de conduite	- Avertissement aux représentants de la société en cas de manquement constaté et après mise en demeure de la personne concernée de présenter ses observations sur le rapport	Article 17	-Loi 2016-1691 du 9 décembre 2016 relative à la transparence, à la lutte contre la corruption et à la modernisation de la vie économique

appartenant à un groupe de sociétés dont la société mère a son siège social en France et qui répondent au double critère susvisé.	définissant et illustrant les différents types de comportement à proscrire comme étant susceptibles de caractériser des faits de corruption ou de trafic d'influence, un dispositif d'alerte interne, une cartographie des risques, des procédures d'évaluation de la situation des clients, fournisseurs de premier rang et intermédiaires au regard de la cartographie des risques, des procédures de contrôles comptables internes ou externes, un dispositif de	de l'agence française anti-corruption - injonction d'adapter les procédures de conformité internes destinées à la prévention et à la détection des faits de corruption ou de trafic d'influence - Sanctions pécuniaires		

	formation des cadres et personnel plus exposés au risque de corruption ou de trafic d'influence, un régime disciplinaire permettant de sanctionner les salariés de la société en cas de violation du code de conduite de la société, un dispositif de contrôle et d'évaluation interne des mesures mises en œuvre.			

-Les sociétés employant au moins cinq mille (5000) salariés en leur sein et dans leurs filiales directes ou indirectes dont le siège social se trouve en France ou au moins dix mille (10.000) salariés en leur sein et dans leurs filiales direct ou indirectes	-Etablir et mettre en œuvre de manière effective un plan de vigilance	-Une société mise en demeure d'établir et mettre en œuvre de manière effective un plan de vigilance n'y satisfait pas dans un délai de trois mois à compter de la mise en demeure, le juge compétent peut lui enjoindre de s'y conformer. Le Président du tribunal statuant en référé peut être saisi aux mêmes fins -Le manquement aux obligations définies à l'article L225-102-4	-Article L225-102-4, I, L225-102-5 du Code de commerce	Loi n°2017-399 du 27 mars 2017 relative au devoir de vigilance des sociétés mères et des entreprises donneuses d'ordre

dont le siège social est en France ou à l'étranger.		du Code de commerce engage la responsabilité de son auteur et l'oblige à réparer le préjudice que l'exécution de ces obligations aurait permis d'éviter. La juridiction peut ordonner la publication, la diffusion ou l'affichage de sa décision ou d'un extrait de celle-ci.		

II - La transparence exigée par la norme ITIE, complément à la compliance

190. En 2013, le Sénégal a adhéré à l'ITIE. Depuis lors, plusieurs instruments juridiques, allant des plus anciens aux plus récents, relatifs au secteur extractif ont exalté la transparence. Ainsi, cette valeur est exigée tant en matière d'identification de la propriété effective (A) que dans celle des sommes de l'État (B).

A - Dans l'identification de la propriété effective

191. L'exigence 2.5 découlant de la norme ITIE consiste en la mise en place à partir du 1er janvier 2020 d'un registre public des bénéficiaires effectifs des entreprises qui :

-demandent une licence, un contrat pétrolier, gazier, minier, de production ou d'exploration ;

-détiennent une participation directe dans lesdites entreprises.

Le registre des bénéficiaires effectif fonctionnera comme le RCCM.

Au sens de l'article 11 du décret n°2020-791 du 19 mars 2020 relatif au registre des bénéficiaires effectifs[443], le terme bénéficiaire effectif désigne la ou les personnes physiques qui possèdent ou contrôlent, directement ou indirectement, la personne morale ou personne physique immatriculée ou déclarant son activité. En aucun cas, il ne peut s'agir d'une personne morale. Ainsi, les bénéficiaires effectifs sont :

-les personnes physiques détenant au moins 2% du capital ou des droits de vote de la société déclarante ;

-toutes les personnes physiques qui exercent un pouvoir de contrôle sur les dirigeants de la société déclarante ou sur l'Assemblée générale de ses associés ou actionnaires.

Si les deux critères ci-dessus ne peuvent être identifiés, les bénéficiaires effectifs sont ceux qui représentent la société déclarante.

La transparence, outre l'obligation d'identification de la propriété effective, se manifeste par la communication à toute personne et publication des sommes dues et perçues par l'État.

B - Dans l'identification des sommes de l'État

192. Cette exigence constitue une traduction de l'article 55 de la loi n°2019-03 du 1er février 2019 portant Code pétrolier qui dispose que les titulaires du titre minier d'hydrocarbures sont tenus de participer aux mécanismes de transparence des paiements qu'ils effectuent à l'État au

---

[443] Dans ce décret, il a été visée la loi n°2018-03 du 23 février 2018 relative à la lutte contre le blanchiment de capitaux et le financement du terrorisme, abrogée par la loi n°2024-08 du 14 février 2024 relative à la lutte contre le blanchiment de capitaux, le financement du terrorisme et de la prolifération des armes de destruction massive (LBC/FT/PADM) qui elle contient une définition relative au bénéficiaire effectif.

titre du présent Code. Quant à l'article 56 du même Code, il précise que tous les revenus dus à l'État et perçus par lui sont communicables à toute personne et rendus publics. Il en est de même des réalisations sociales effectuées par les entreprises pétrolières et gazières. Ne trouve-t-on pas, à travers le concept de « réalisations sociales », trace de la RSE ? Tout porte à le croire !

ANNEXE

PANORAMA DES TEXTES APPLICABLES AU SECTEUR PÉTROLIER, GAZIER ET MINIER

Contrairement à ce que l'on pourrait penser, le secteur pétrolier et gazier dispose, depuis 1960, d'un cadre juridique qui, à partir de 2019, s'est densifié. Il s'agit des lois, décrets et arrêtés et instruments divers. Cette ébullition législative n'a pas épargné le secteur minier.

I-LES LOIS

INTITULES	ASPECTS ESSENTIELS	EXPOSE DES MOTIFS/ ARTICLES PERTINENTS
Loi n°98-05 du 8 janvier 1998 portant Code pétrolier	-Promouvoir le bassin sédimentaire suite à une réduction importante des budgets d'exploration des compagnies pétrolières ; -Les principales garanties des compagnies pétrolières : période de rétention de 8 ans pour le gaz et 3 ans pour le pétrole, introduction dans le Code de l'autorisation d'exploitation provisoire dont la durée n'excède pas	

	deux ans, possible prorogation de la durée de validité de la concession de 25 ans d'une période de 10 renouvelable une fois(45 ans au maximum[444]), suppression du *bonus* de signature d'une convention ou d'un contrat de services, renforcement des avantages fiscaux et douaniers -Protection de l'environnement (travaux d'abandon, schéma d'abandon, lutter contre la pollution de l'environnement, traitement des déchets)	
Loi n°2019-03 du 1er février 2019 portant Code pétrolier	-Le cadre incitatif mis en place par le Code pétrolier de 1998 a permis d'attirer les investisseurs. D'où le développement et l'exploitation du gaz naturel à Thiès/ Sébikotane (*onshore*) et le financement d'études pour une meilleure connaissance du système pétrolier en *offshore*. En parallèle, des forages ont été	-Articles 3, 4, 5, 6, 7, 8, 9, 10, 11, 12, 15, 19, 27, 30

444 Voir article 27 de loi n°98-05 du 08 janvier 1998 portant Code pétrolier.

	réalisés qui ont permis, en 2014 de découvrir du gaz et du pétrole ; -Sauvegarde et sécurisation des intérêts économique et financier du peuple sénégalais ; -Transparence dans la gestion des ressources extractives ; -Prise en compte de la loi sur la répartition des revenus issus de l'exploitation des hydrocarbures ; -Le Ministre en charge des hydrocarbures met en œuvre la politique du Gouvernement en matière d'hydrocarbures (article 3) ; -PETROSEN agit au nom et pour le compte de l'État dans le domaine des hydrocarbures (article 4) -Les ressources naturelles appartiennent au Peuple et la gestion des revenus pétroliers garantit une épargne intergénérationnelle, répond au besoin du développement par la	

	promotion des investissements publics dans des secteurs susceptibles d'augmenter le potentiel de croissance économique du pays (article 5) ; -Souveraineté de l'État sur l'ensemble du territoire pour l'exercice des opérations pétrolières et gazières. C'est pourquoi, pour entreprendre lesdites opérations, il faut une autorisation préalable de l'État (article 6) -Seules les personnes morales disposant de capacités techniques et financières requises et dûment autorisées par l'État peuvent entreprendre des opérations pétrolières et gazières (article 6) ; -Il y a quatre sortes d'autorisations : de prospection, d'exploration, d'exploitation provisoire et autorisation exclusive d'exploitation. L'autorisation d'exploitation	

	provisoire ou autorisation exclusive d'exploitation n'est délivrée qu'à une personne morale de droit sénégalais (Article 7). -Les droits de l'État : entreprendre des opérations pétrolières par l'intermédiaire de PETROSEN seule ou en association avec des tiers dans le cadre d'un contrat de services, entreprendre des opérations pétrolières par l'intermédiaire d'une ou de plusieurs personnes morales de droit sénégalais ou étranger autorisées (Article 8), participe via PETROSEN à tout ou partie des opérations pétrolières en s'associant avec les titulaires d'un contrat pétrolier ou d'une autorisation de prospection. Dans le cadre d'un contrat pétrolier, les parts de PETROSEN sont au moins de 10% en phase d'exploration et de développement et en phase d'exploitation cette participation peut	

	aller jusqu'à 20% (article 9). -Les titres miniers d'hydrocarbures sont octroyés aux personnes morales justifiant des capacités techniques et financières requises (Article 10) ; -Ouverture par décret des zones où peuvent être octroyés des titres miniers d'hydrocarbures. Possibilité de découpage de ces zones en blocs allant de 1.000 kilomètres carrés à 10.000 km2 (Article 11) ; -Les blocs sont attribués au moyen d'appel d'offres ou de consultation directe ; négociation du contrat pétrolier par le Ministre chargé des Hydrocarbures qui s'appuie sur une commission d'examen et de négociation des contrats pétroliers (article 12) ; -L'autorisation de prospection est accordée par arrêté du Ministre chargé des hydrocarbures sur une zone non couverte par	

	un titre d'hydrocarbures. Sa durée maximale est de deux ans. Le titulaire de l'autorisation de prospection peut faire des travaux préliminaires de prospection d'hydrocarbures, sauf les forages d'une profondeur supérieure à 200 mètres. L'autorisation n'est ni amodiable, ni cessible, ni transmissible (article 15) ; -L'autorisation d'exploration d'hydrocarbures confère à son titulaire, le droit exclusif d'exécuter **tous les travaux, y compris le forage.** Elle est accordée à son titulaire par décret pour une période qui ne peut dépasser 4 ans. Cette période peut être renouvelée, au plus deux fois pour une durée n'excédant pas à chaque fois trois ans (18, 19) ; -Il existe deux catégories d'exploitation : provisoire (accordée	

	par arrêté du Ministre chargé des Hydrocarbures), exclusive (accordée par décret) : Article 26 ; -l'exploitation à titre provisoire ne saurait excéder six mois (article 27) ; -l'autorisation exclusive d'exploitation est accordée pour une durée maximale de 20 ans renouvelable une seule fois pour une période d'au plus 10 ans (Article 30)	
Loi n°2020-06 du 7 février 2020 portant code gazier	-Recours aux sources d'énergie les moins polluantes ; -Gaz to power : production de l'électricité via le gaz naturel ; -Valoriser les ressources gazières (Article 1er) -Qui est visé par ce Code ? Ce sont les segments intermédiaires et aval du secteur gazier (donc les lois qui existaient avant son adoption ne visait que le secteur amont) : agrégation (achat en gros du gaz naturel aux producteurs	-Article 1er , 2

	ou importateurs ou bien vente en gros de tout ou partie de ce gaz sur le territoire national), transport, stockage, importation, exportation, fourniture de gaz naturel sous forme gazeuse ou liquide, transport, distribution par gazoducs de gaz naturel, transport, distribution de gaz naturel liquéfié ou comprimé (Article 2 traite du contenu des activités des segments intermédiaires et aval du secteur gazier)	
Acte uniforme relatif au droit des sociétés commerciales et du GIE	-Les techniques d'implantation dans l'espace OHADA : succursale, bureau de liaison, filiale, création de société commerciale ; -Toute personne peut créer une société commerciale dans l'espace -Les sociétés commerciales par la forme : SNC, SCS, SARL, SA, SAS	
Acte uniforme relatif au droit de l'arbitrage/ Règlement	-Les personnes qui peuvent aller à l'arbitrage :	-Article 2 -Article 3

d'arbitrage de la CCJA (NB/ En pratique les parties ont recours à l'arbitrage CCI, CIRDI)	-Les fondements de l'arbitrage : la convention d'arbitrage et les instruments relatifs aux investissements tels que les Codes des investissements, les traités bilatéraux et multilatéraux d'investissements -Les avantages de l'arbitrage : confidentialité, célérité, autonomie des parties	
Acte uniforme relatif à la médiation	-Les litiges pouvant faire l'objet d'un accord de médiation -Les principes de la médiation	-Article 1er -Article 8
Loi n°2022-09 du 19 avril 2022 relative à la répartition et à l'encadrement de la gestion des recettes issues de l'exploitation des hydrocarbures	-Précision dans l'exposé des motifs que « les ressources pétrolières et gazières constituent un patrimoine national » ; -Rappel de l'appartenance des ressources précitées au peuple ainsi que de la conséquence qui en	-Article 4, 5, 7, 8, 9, 12, 13, 21, 22

	découle à savoir « leur gestion de manière durable, dans la transparence, de façon à générer de la croissance économique et à promouvoir le bien-être de la population » ; -Interdiction de toute cession anticipée des ressources d'hydrocarbures et/ou de toute sûreté anticipée sur ces ressources (Article 4) ; -Création d'un Fonds de stabilisation pour se prémunir des risques de volatilité des recettes d'hydrocarbures (Article 9) ; -Création d'un Fonds intergénérationnel destinée à tenir disponible, pour les générations futures, une épargne constituée à partir des recettes tirées de l'exploitation des hydrocarbures et rentabilisée à travers des placements (Article 8) ; -Le partage des recettes provenant de l'exploitation se fait	

	entre le budget général, un Fonds de stabilisation (composé du surplus des recettes) et un Fonds intergénérationnel. Ainsi, un maximum de 90% abonde le budget général, un minimum de 10% abonde le Fonds intergénérationnel (Article 12) ; -Les recettes d'hydrocarbures sont exécutées sous la responsabilité du Ministre chargé des Hydrocarbures. Il engage et ordonnance les crédits au profit des fonds, veille à la bonne mise en œuvre des stratégies d'investissement et à la poursuite des objectifs de performance que l'État définit pour le Fonds intergénérationnel et de stabilisation. Il présente les rapports du gestionnaire au Comité chargé de l'orientation stratégique du pétrole et du gaz. Il peut commanditer toute étude ou contrôle sur la	

	gestion des Fonds (Article 21) ; -Les fonds de stabilisation et intergénérationnel sont contrôlés par les corps et organes de contrôle de l'État. Les comptes annuels desdits fonds sont chaque année audités et certifiés par des auditeurs indépendants et les résultats de cet audit sont rendus publics. Enfin, l'Assemblée nationale est destinataire des comptes annuels certifiés et du rapport d'activité annuel. Elle peut procéder à des investigations et à des auditions dans les conditions définies par la loi organique relative aux lois de finances (Article 22)	
Loi n°2022-08 du 19 avril 2022 relative au secteur parapublic, au suivi du portefeuille de l'État et au contrôle des personnes morales de droit privé bénéficiant du	-Consécration de la notion de société publique (société nationale, société à participation publique majoritaire ; -Définition des critères d'une société nationale : C'est une société par actions de droit privé dans	-Article 9, 10.

concours financier de la puissance publique	laquelle l'État souscrit à tout le capital ou l'État et une personne morale de droit public souscrivent à tout le capital. Dans tous les cas, la participation directe de l'État est supérieure à 50% du capital social (Article 9) ; -Définition des critères d'une société à participation publique majoritaire : société par actions de droit privé dans laquelle une ou plusieurs personnes morales de droit public possède directement ou indirectement plus de 50 % du capital social (article 10)	
Loi n°2021-28 du 15 juin 2021 d'orientation relative à l'économie sociale et solidaire	-Définition de la RSE	-Article 2
Loi n°2019-04 du 1er février 2019 relative au contenu local dans le secteur des hydrocarbures	-Enjeux de la loi : L'entreprise des opérations pétrolières et gazières nécessite des investissements lourds ainsi que de nombreux équipements et technologies. L'absence de cadre juridique générera une	-Article 4

	importation massive de ces équipements et de cette technologie. Pour cela, il faut relever les défis liés à la faiblesse des capacités techniques, technologiques et économiques des entreprises locales , à la qualification professionnelle de la main-d'œuvre ; -Les principes directeurs de la loi relative au contenu local : l'équité dans le partage des revenus découlant des activités pétrolières et gazières, le respect des normes et standards internationaux de l''industrie pétrolière et gazière, la non-discrimination, la transparence et le réalisme dans la mise en œuvre des obligations liées au contenu local (article 4)	
Constitution	-Appartenance au peuple des ressources naturelles -Utilisation de ces ressources pour l'amélioration de ses conditions de vie	Article 25-1

Loi n°2022-17 du 23 mai 2022 relative au contenu local dans le secteur minier	-Rappel dans l'exposé des motifs que les articles 85 et 109 de la loi n°2016-32 du 8 novembre 2016 favorisaient déjà le contenu local notamment la promotion de l'emploi local et des entreprises nationales.	

II - DECRETS

Intitulés	ASPECTS ESSENTIELS	ARTICLES PERTINENTS
Décret n°2024-153 du 21 février 2024 fixant les modalités de gestion et d'administration du Fonds intergénérationnel	-Gestion et administration du Fonds par le FONSIS -Le Fonds intergénérationnel est une société anonyme à participation publique majoritaire	-Article 1 -Article 2
Décret n°2024-1502 du 31 juillet 2024 portant suspension des activités minières dans la zone du fleuve de la Falémé	Lors d'une mission ministérielle effectuée du 26 au 27 mai 2024, l'ampleur des impacts négatifs de l'exploitation minière sur la Falémé a été constatée. D'où l'édiction du décret n°2024-1502 du 31 juillet 2024 portant suspension des activités minières dans la zone du fleuve	-Rapport de présentation

	de la Falémé. Ledit décret suspend et interdit temporairement les opérations minières sur la zone autour de la rive gauche du fleuve de la Falémé dans un souci de « sauvegarde d'un patrimoine hautement précieux » . Ainsi, toute opération minière ou délivrance de titre autour de la rive gauche du fleuve de la Falémé sur un rayon de cinq cents mètres, est suspendue jusqu'au 30 juin 2027 pour nécessité de : -préservation de l'environnement ; -protection de la santé des populations ; -sécurisation de la zone frontalière.	
Décret n°2023-1886 du 11 septembre 2023 fixant les missions, la composition et les modalités de fonctionnement du Comité de Prévisions et d'évaluation et	-Le Fonds permet de limiter l'exposition du budget de l'État à la volatilité des prix des hydrocarbures.	-Rapport de présentation

déterminant les modalités de prévision des recettes issues de l'exploitation des hydrocarbures		
Décret n°2023-1896 du 11 septembre 2023 fixant les modalités de gestion et d'administration du Fonds de stabilisation	-Le Fonds capitalise le surplus de recettes constaté entre les recettes effectives et les recettes de référence ou recettes prévisionnelles de l'exploitation des hydrocarbures	-Article 1er
Décret n°2024-946 du 8 avril 2024 relatif aux attributions du Ministre de l'énergie, du Pétrole et des Mines	-Le Ministre du Pétrole et des Énergies prépare et met en œuvre , sous l'autorité du Premier Ministre, la politique définie par le chef de l'État dans les secteurs pétrolier et énergétique. -Il assure la promotion, l'exploration et la gestion des zones prospectives pour les hydrocarbures	-Article 1er
Décret 2023-990 du 04 mai 2023 portant organisation et fonctionnement du CNSCL dans le secteur des	-Les compagnies pétrolières et gazières soumettent chaque année un plan de passation de marchés dans lequel il y a des obligations de	-Rapport de présentation du décret 2023-990 du 04 mai 2023

hydrocarbures et des mines	contenu local dont la mise en œuvre sera contrôlée par le Comité National de Suivi du Contenu Local (CNSCL) -La principale mission du CNSCL est de coordonner l'élaboration du document de stratégie du contenu local, de superviser et de veiller à la bonne mise en œuvre de la stratégie de développement du contenu local	
Décret n°2021-248 du 22 février 2021 fixant les modalités d'alimentation et de fonctionnement du Fonds d'Appui au Développement du Contenu local (FADCL) modifié par décret n°2023-991 (extension au secteur des mines)	-L'objectif du fonds est le renforcement et le soutien des capacités techniques et financières des entreprises locales ; leur mise à niveau pour répondre aux normes internationales exigées en la matière -Sont éligibles au Fonds les entreprises locales, les personnes physiques de nationalité sénégalaise	-Rapport de présentation du Décret -Article 2 du Décret -Article 10 du Décret
Décret n°2021-249 du 22 février 2021 portant	-L'objectif est de donner une valeur décrétale à l'annexe	-Rapport de présentation

modification décret 2020-2065 fixant les modalités de participation des investisseurs sénégalais dans les activités pétrolières et gazières	prévue à l'article 11 du décret n°2020-2065 du 28 octobre 2020 fixant les modalités de participation des investisseurs sénégalais dans les entreprises intervenant dans les activités pétrolières et gazières et classement des activités de l'amont pétrolier et gazier dans les régimes exclusif, mixte et non exclusif ; -L'article 11 du décret n°2020-2065 traite du tableau de classification des activités par régime. Ainsi, le décret n°2021-249 vient préciser que cette classification est revue périodiquement par le Secrétariat technique du CNSCL pour tenir compte de l'évolution de l'industrie pétrolière et gazière et des capacités du secteur privé national	-Article 11 du décret n°2020-2065 -Article 1er du décret n°2021-249 du 22 février 2021
Décret n°2021-1145 du 07 septembre 2021 fixant les règles	-Ce décret modifie le décret n°2013-881 du 20 juin 2013	-Rapport de présentation

d'organisation et de fonctionnement du CNITIE	portant création, organisation et fonctionnement du Comité National de l'Initiative pour la Transparence dans les Industries Extractives. Il a apporté les innovations ci-après : -intégration de nouveaux sujets tels que la propriété réelle des entreprises extractives, l'intégration des données dans les systèmes d'information des administrations, la déclaration des données ventilées par projet, les aspects genre et environnement ; -ouverture de la composition des membres du CNITIE au Ministère en charge de la Justice, au CESE, HCCT ; -le nombre de représentants du secteur des hydrocarbures est passé de deux (02) à quatre (04) ; -augmentation du nombre de	

	représentants de la société civile de cinq à six ; -possibilité de désigner des suppléants pour « veiller à la continuité de la représentation des différentes structures au niveau du Comité national ».	
Décret n°2020-2065 du 28 octobre 2020 fixant les modalités de participation des investisseurs sénégalais dans les entreprises intervenant dans les activités pétrolières et gazières et classement des activités de l'amont pétrolier et gazier dans les régimes exclusif, mixte et non exclusif	-Rappel que les retombées des hydrocarbures devraient profiter au peuple. -Rappel que l'exploitation des ressources pétrolières et gazières nécessitent des investissements conséquents dans l'importation d'équipements et les services nécessaires aux opérations pétrolières ; que cette importation n'apporte aucune valeur ajoutée conséquente dans l'économie locale notamment au niveau des facteurs de production locaux d'où le contenu local ;	-Rapport de présentation

	-Rappel de l'existence de trois régimes (exclusif, mixte et non exclusif) -L'article 3 traite des entreprises de droit sénégalais (sous-traitant, prestataire de service ou fournisseur)ainsi que de leurs obligations à savoir la déclaration relative aux bénéficiaires effectifs	
Décret n°2020-2047 du 21 octobre 2020 portant organisation et fonctionnement du CNSCL (Abrogé)	-Rappel dans le rapport de présentation de l'objectif de la loi n°2019-04 du 1er février 2019 relative au contenu local dans le secteur des hydrocarbures à savoir : la limitation des importations de biens et services d'une part et la promotion de la participation des capitaux locaux sur l'ensemble de la chaîne de valeur pétrolière et gazière ; -Rappel de la nécessité de création d'un Comité national de suivi du contenu local (CNSCL)	-Article 18

	-Obligations pour les contractants, fournisseur, sous-traitant, prestataire de service de rang 1et 2 de soumettre au CNSCL un plan de contenu local (NB. Pourtant, on parle de sous-traitant de rang 1 et 2)	-Article 21
	-Obligations pour les entreprises de soumettre annuellement au plus tard à la fin du premier semestre de l'année, un plan de passation de marchés ;	-Article 25
	-Elaboration par les entreprises à la fin de chaque année civile d'un rapport d'exécution de leur plan de contenu local lequel est soumis au Secrétariat technique du CNSCL au plus tard le premier jour du second mois calendaire de l'année suivante ;	-Article 27
	-soumettre à deux appels d'offres exclusivement réservés aux nationaux tout poste à pourvoir au niveau	-Article 28

	national (cela ne concerne-t-il que les entreprises locales comme pourrait le laisser penser l'article 27 alinéa 2 ?) ;	
	-Obligation pour les contractants, sous-traitant, prestataire de services ou fournisseur étranger titulaire d'un poste national pourvu par un appel d'offre international de soumettre un Plan de succession au CNSCL pour approbation (ces personnes précitées sont accompagnées par des employés sénégalais qui bénéficient ce faisant d'une formation pour acquérir le niveau de compétence requis aux fins de remplacer graduellement les employés non-nationaux)	-Article 29, 30
	-Le bénéfice par le personnel sénégalais de la priorité exclusive à l'octroi d'emplois locaux et à la formation, dans tout projet issu directement ou	-Article 32

	indirectement des activités pétrolières et gazières. Le programme de formation du personnel sénégalais est financé par le FADCL ; -Tous les appels d'offres relatifs aux activités pétrolières et gazières sont publiés dans une plateforme électronique, sauf autorisation préalable du CNSCL, -Obligation pour tout contractant, fournisseur, sous-traitant, prestataire de service de publier tous les marchés entrant dans le cadre d'un ou de plusieurs projets pétroliers ou gaziers sur la plateforme électronique de mise en relation ; -Création au niveau de la plateforme de mise en relation d'un guichet unique pour faciliter la capacitation du secteur privé national -NB/ Ce Décret a été abrogé par le	-Article 35 -Article 36

	décret 2023-991 du 04 mai 2023	
Décret n°2020-2061 du 27 octobre 2020 fixant les modalités d'application de la loi n°2019-04 du 1er février 2019 portant Code pétrolier	-Ouverture et tenue à jour au niveau du Ministre chargé des hydrocarbures d'un registre spécial des hydrocarbures -Création d'une Commission d'examen et de négociation des contrats pétroliers ayant pour mission d'appuyer le Ministre chargé des hydrocarbures dans l'évaluation des offres techniques et financières reçues dans le cadre d'un appel d'offres ou d'une consultation directe ainsi que dans la négociation des contrats pétroliers -Attribution des blocs du bassin sédimentaire par contrat pétrolier ou par autorisation de prospection ; -Attribution de bloc par contrat au moyen d'appel d'offres international -Attribution d'un bloc par contrat pétrolier au moyen	-Article 2 -Article 4 -Article 5 -Article 6 -Article 7

	d'une consultation directe en cas d'offre spontanée jugée recevable, d'appels d'offres infructueux, pour des raisons stratégiques ou d'intérêt national	
Décret n°2020-791 du 19 mars 2020 relatif au Registre des Bénéficiaires Effectifs	-Si le Sénégal a adhéré à l'Initiative pour la Transparence dans les Industries Extractives (ITIE) c'est dans le but de lutter contre la corruption et les crimes économiques. Ces normes imposent à ce qu'un registre public des bénéficiaires effectifs des entreprises qui demandent une licence ou un contrat pétrolier, gazier ou minier de production ou d'exploration ou qui y détiennent une participation directe soit tenu d'où la création par décret d'un registre des bénéficiaires effectifs (RBE) devant fonctionner comme le Registre du commerce et du crédit mobilier (RCCM) logés dans les	-Rapport de présentation -Article 2

	tribunaux et tenu par les greffiers -Le registre des bénéficiaires effectifs est chargé de recevoir les déclarations relatives aux bénéficiaires effectifs des sociétés, entreprises individuelles, GIE, entreprenants et autres entités immatriculées ou déclarées au Sénégal. Cette déclaration est également faite par les personnes précitées n'étant ni immatriculées au Sénégal et n'ayant déclaré aucune activité au Sénégal -le bénéficiaire effectif est la ou les personnes physiques de possédant ou contrôlant directement ou indirectement la personne morale ou la physique immatriculée ou déclarant son activité ; -Les critères d'identification des bénéficiaires effectifs sont :	-Article 11

	-les personnes physiques détenant directement ou indirectement au moins 2% du capital ou des droits de vote de la société déclarante ; -les personnes physiques qui exercent, par d'autres moyens, un pouvoir de contrôle sur les organes de gestion, d'administration ou de direction de la société déclarante ou sur l'assemblée de ses associés ou actionnaires. Si les deux critères précédents ne sont pas réunis, les bénéficiaires effectifs sont les représentants légaux de la société déclarante.	
Décret n°2016-1542 du 3 août 2016 portant création et fixant les règles de fonctionnement du Comité d'Orientation Stratégique du Pétrole et du Gaz (PETROGAZ)	-Mise en place du COS-PETROGAZ chargé d'assister le Président de la République dans la définition, la supervision, l'évaluation et le contrôle de la mise en œuvre de la politique nationale en matière de développement de	

	projets pétroliers et gaziers	
Décret n°2020-1711 du 10 septembre 2020 fixant les modalités d'alimentation, d'opération et de fonctionnement du Fonds d'appui au secteur minier	-Les fonds proviennent des opérations suivantes : -la redevance minière ; -la redevance superficiaire ; -les droits fixes d'entrée ; -les amendes ; -le remboursement des coûts historiques ; -les dons et les legs ; -les revenus exceptionnels tirés de l'exploitation minière.	-Article 2
Décret n°2020-1938 du 14 octobre 2020 fixant les modalités de répartition du Fonds d'appui et de péréquation aux collectivités territoriales	-Ce Décret abroge deux autres qui ont été édicté avant : -le décret n°2009-1334 du 30 novembre 2009 portant création et fixant le taux et les modalités de répartition du Fonds de péréquation et d'appui aux collectivités locales ; -le décret n°2015-1879 du 16 décembre 2015 modifiant le décret n°2009-1334	-Article 10 -Article 2

	-Les ressources du Fonds proviennent des opérations suivantes : -les droits fixes d'entrée ; -la redevance minière ; -la redevance superficiaire.	
Décret n°2020-2094 du 28 octobre 2020 modifiant le décret n°2016-1542 du 03 octobre 2016 portant création et fixant les règles d'organisation et de fonctionnement du COS-PETROGAZ	-Elargissement du COS-PETROGAZ aux membres de la société civile ainsi qu'aux partis politiques de l'opposition (1 représentant pour la société civile et un autre pour l'opposition); -Possibilité pour le Président de la République d'inviter aux travaux du COS-PETROGAZ toute personne dont les compétences sont requises.	-Rapport de présentation -Article 1er
Décret n°2023-849 du 7 avril 2023 fixant les conditions et les modalités d'exercice des activités des segments intermédiaire et aval du secteur gazier	-Les articles concernés sont les suivants : 8, 11, 13, 19, 21, 26, 44, 67 et 68 de la loi n°2020-06 du 7 février 2020 portant Code gazier -Les critères d'attribution des	-Article 1er -Article 5 -Article 7

	licences et concessions -les procédures d'attribution des licences et concessions -Commission d'examen et d'évaluation des offres	-Article 12
Décret n°2023-850 du 07 avril 2023 fixant les conditions de raccordement au système gazier et les conditions d'accès des tiers aux infrastructures de transformation, de transport, de distribution et de stockage	-Qui est client éligible (article 12)	
Décret n°2023-851 du 07 avril 2023 fixant les modalités de détermination et de révision des tarifs d'utilisation des infrastructures gazières et du prix de cession du gaz naturel provenant de la production locale	-Il a été pris en application de l'article 59 de la loi n°2020-06 du 7 février 2020 portant Code gazier	

III - ARRETES, NOTES, REGLEMENT, PRINCIPES

Arrêté 24577 du 02 septembre 2022 précisant les modalités d'identification, de déclaration, de conservation et de contrôle des informations sur les bénéficiaires effectifs	-L'Administration fiscale tient un registre central des bénéficiaires effectifs où sont contenues des informations relatives aux personnes morales (toute autre personne morale sauf l'État et les collectivités territoriales), constructions juridiques (mécanismes par lesquels un constituant transfère des droits, biens ou sûretés à un fiduciaire ou administrateur qui les tient séparés de son patrimoine. Les trusts et fiducies sont également des constructions juridiques) et à leurs bénéficiaires effectifs	
Arrêté Ministériel 1598 du 5 février 2021 relatif au formulaire de déclaration des bénéficiaires effectifs	-En application de l'article 4 du Décret 2020-791 du 19 mars 2020 relatif aux bénéficiaires effectifs, le Garde des sceaux a pris un arrêté relatif au formulaire de déclaration des bénéficiaires effectifs	
Notes du Directeur Général des impôts du 22	-Présentation du Registre central des	

février 2022 organisant l'établissement et le fonctionnement du Registre central des bénéficiaires effectifs	bénéficiaires effectifs institué par l'article 633-I et IV du Code général des impôts de 2012 modifié	
Principes directeurs pour des contrats extractifs durables OCDE 2019	-Lutter contre les conséquences des fréquentes demandes de renégociation des contrats extractifs	
Règlement n°09/2010/CM/UEMOA du 1er octobre 2010 relatif aux relations financières extérieures des États membres de l'UEMOA	-Opérations de change, mouvements de capitaux et règlement de toute nature entre un État membre de l'UEMOA et l'étranger ou dans l'UEMOA entre un résident et un non résident -Rapatriement du produit des recettes d'exportation	
Règlement n°2/2023/CM/UEMOA du 16 juin 2023 portant Code minier communautaire	-RSE -Suprématie des textes légaux sur la convention minière	

BIBLIOGRAPHIE

I - OUVRAGES

BADJI (P.-S.-A), *Droit sénégalais des hydrocarbures (Pétrole et Gaz)*, L'harmattan Sénégal, 2022, 153, p.

CASSAN (H), MERCURE (P-F), BEKHECHI (M.A), *Droit international du développement*, PEDONE, 2019, 627, p.

CISSE (O), *Le droit des mines du Sénégal,* L'harmattan Sénégal, 2020, 450 pages

(Dir) REMICHE (B), RUIZ-FABRI (H), *Le commerce international entre le bi- et la multilatéralisme*, Larcier, 2010, 395, p.

(Dir) EPSTEIN (A-S), NIOCHE (M), *Le droit économique, levier de la transition écologique* ? , Bruylant, 2022, 370, p.

ESSAGA (S), *Les sources du droit des hydrocarbures en Afrique*, L'harmattan, 2018, 463 p.

HASSANE Mahamat Nasser, *Dispositions et normes environnementales des lois pétrolières en Afrique centrale, projets d'exportation du drut tchadien et du pipeline Tchad-Cameroun*, L'harmattan, 2017, 272, p.

JOUANNET (E.T), *Le droit international, le capitalisme et la terre, histoire des accaparements de terres d'hier à aujourd'hui*, Bruylant, 2021, 412, p.

JUDET (P), KAHN (PH), KISS (A. CH), TOUSCOZ (J), *Transfert de technologie et développement*, LITEC, Paris 1977, Volume 4, Librairies Techniques, 562, p.

LAVIEC (J.-P), *Protection et promotion des investissements, Étude de droit international économique*, Graduate Institute Publications, 1985, 331, p.

LAZARUS (C), LEBEN (CH), LYON-CAEN (A), VERDIER (B), *L'entreprise multinationale face au droit*, LITEC, Paris 1977, 453 , p.

LAURIOL (TH), RAYNAUD (E), *Le droit pétrolier et minier en Afrique*, L.G.D.J, 2016, 588, p.

LEMAITRE (S), *Corruption, évitement fiscal, blanchiment dans le secteur extractif,* PUR, 2019, collection « L'univers des normes », 320, p.

MAIGA (A. I), *Le déséquilibre contractuel en droit malien, Pour une réforme du droit des contrats*, L'harmattan, 2020, 533 p.

MEDJAD (K), *Droit international des affaires, le contrat international*, NATHAN, 1998, 125, p.

MESTRE (J), *Les principales clauses des contrats d'affaires*, Lextenso, 2018, 944, p.

NIANE (B), *Le régime juridique et fiscal du code des investissements au Sénégal*, NEA, collection CREDILA, 1976, 216, p.

ROSENBLUM (P), MAPLES (S), *Contrats confidentiels : Pour en finir avec les accords secrets dans le secteur extractif,* Revenue Wattch Institute, 2009, 108, p.

SONKO (O), *Pétrole et gaz au Sénégal, chronique d'une spoliation*, Fauves Editions, 2017, 252, p.

SOW (B), *L'amont des hydrocarbures au Sénégal : Codes et lois commentés, comprendre les textes législatifs et réglementaires dans le secteur des hydrocarbures*, Ruba Editions, 2024, 413, p.

TONYE (A), *Pratique juridique des financements structurés en Afrique*, L'harmattan, 2010, 304, p.

TOURE (P. M), *Comprendre l'univers économique et juridique des activités pétrolières au Sénégal, Une fenêtre ouverte sur le monde*, L'harmattan Sénégal, 2024, 243 pages

TUELLE-PAMBO (I), *L'exploration-production offshore des hydrocarbures, Prévention, répression et réparation des déversements illicites d'hydrocarbures*, PUAM, 2018, 843, p.

WA MPUNGU (G.B),

-*Droit minier et des hydrocarbures en Afrique centrale, Pour une gestion rationnelle, formalisée et transparente des ressources naturelles*, Larcier, 2009, 344, p.

-*Droit du commerce international en Afrique à la quête d'une mondialisation économique équilibrée et porteuse d'espoir*, Bruylant, 2020, 430 pages

II - ARTICLES

BARRERE (G), « Le régime des investissements privés dans les États francophones d'Afrique et de Madagascar », R.J.P.I.C, 1966, n°3, pp.471-476

BELRHALI-DEBEAUDOIN, « L'État, partie faible à l'arbitrage d'investissement ? », in La faiblesse en droit, Mare et Martin, 2020, pp.137-149

BLIESENER (D.H), « La compétence du CIRDI dans la pratique arbitrale », Revue de droit international et de droit comparé, 1991, n°2-3, pp.96-134

BRARD (Y), « Les conventions dans la fiscalité pétrolière gabonaise », R.J.P.I.C, 1987, n°3, pp.151-167

DAVID N, « Les entreprises conjointes. Quelques problèmes pratiques », JDI 1988. 37

GHERARI (H), « Note sur la nouvelle loi algérienne sur les hydrocarbures », R.J.P.I.C, 1987, n°4, p.349-355.

LEGOUX (P),

-« Législation minière des pays francophones », R.J.P.I.C, 1978, n°2, pp.693-707 ;

-« L'évolution des idées dans les législations minières des pays neufs », R.J.P.I.C, 1975, n°1, pp.75-92

-« De quelques codes d'investissements », R.J.P.I.C, 1968, t.22, n°4

-« La réglementation minière des territoires français d'Afrique noire et de Madagascar », R.J.P de l'Union française, 1950, n°1 et 2

MOUANGUE (J. K), « La République. Le modèle républicain français à l'épreuve des défis du XXIe siècle », Revue camerounaise de droit et de science politique, 2011, n°3, pp. 31-59

NDIAYE (B), « Transferts de technologie et cultures locales (UNESCO-Recommandation n°5) , Aperçu sociaux et culturels de l'application de la science et de la technologie en Afrique », Annales Africaines, 1981, pp.68-81

NJOYA (J), « États, Peuples et minorités en Afrique sub-saharienne : droit, contraintes anthropologiques et défi démocratique », Revue camerounaise de droit et de science politique, 2011, n°3, pp.2-30

PETER (J), « Les mines, l'énergie et l'infrastructure des transports en Afrique noire francophone », R.J.P.I.C, n°3, 1974, pp.395-422

PETER (J) et BEJOT (J.-P), « Le plan de développement des hydrocarbures en Algérie », R.J.P.I.C, 1978, n°3, pp.949-966

RANOUIL, « Remarques sur le droit applicable aux contrats de développement », Gaz. Pal.1986, 1, doctr.401.

ROSENBERG (D), « Les codes des investissements : un exemple de souveraineté dans un ordre économique inégalitaire ? », R.J.P.IC, 1978, n°3, pp.913-933

ROUHANI (F), « Renégociation des contrats entre États et investisseurs privés », R.J.P.I.C, 1975, n°1, pp.93-99.

SINKONDO (M.H), De la fonction juridique du droit au développement », Revue de droit international et de droit comparé, n°4, 1991, pp.271-293

TALFI (B), « Nouveaux champs de pratique et droit OHADA : l'arbitrage des investissements », La lettre juridique n°759 du 25 octobre 2018 : Arbitrage, www.lexbase.fr/revues-juridiques/48414706-le-point-sur-nouveaux-champs-de-pratique-et-droit-ohada-l-arbitrage-des-investissements, consulté le 19 septembre 2024 à 19h 51

VEROUGSTRAETE (I), « Le juge comme arbitre ou l'arbitre comme juge : la recherche d'un équilibre », Revue de droit international et de droit comparé, n°4, 1991, pp.336-350

VLACHOS (G), « Le régime juridique des hydrocarbures en Algérie », R.J.P.I.C, 1974, n°1, pp.103-128

III - ACTES DE COLLOQUE

-L'État de droit en droit international, Colloque de Bruxelles, Pedone 2009, 447 pages

-L'eau en droit international, Colloque d'Orléans, Pedone, 2011, 405 pages

-La souveraineté pénale de l'État au XXIe siècle, Pedone, 2018, 519 pages

-Le droit international multilatéral, Pedone, 2023, 417 pages

-L'entreprise multinationale et le droit international, Colloque de Paris 8 Vincennes-Saint Denis, Pedone, 2017, 521 pages ;

-Droit international et développement, Colloque de Lyon, PEDONE, 2015, 503 pages

-L'État dans la mondialisation, Colloque de Nancy, Pedone, 2013, 591 pages

TABLE DES MATIÈRES

Structures éditoriales du groupe L'Harmattan

L'Harmattan Italie
Via degli Artisti, 15
10124 Torino
harmattan.italia@gmail.com

L'Harmattan Hongrie
Kossuth l. u. 14-16.
1053 Budapest
harmattan@harmattan.hu

L'Harmattan Sénégal
10 VDN SICAP AMITIE 3
BP 45034 Dakar-Fann
direction@senharmattan.com

L'Harmattan Cameroun
Tsinga/Derrière polyclinique FECAFOOT
BP 11486 Yaoundé
Jacques.koukam@harmattan.fr

L'Harmattan Burkina Faso
Villa 281, secteur 23 623, rue 14.32
Ouagadougou
zagbie@outlook.fr

L'Harmattan Guinée
Almamya, rue KA 028 OKB Agency
BP 3470 Conakry
harmattanguinee@yahoo.fr

L'Harmattan RDC
185, avenue Nyangwe
Commune de Lingwala – Kinshasa
matangilamusadila@yahoo.fr

L'Harmattan Congo
219, avenue Nelson Mandela
BP 2874 Brazzaville
deunovmikhael@gmail.com

L'Harmattan Mali
Immeuble Mgr Jean Marie Cissé
Aci Hamadallaye
BP 145 Bamako
syllaka@yahoo.fr

L'Harmattan Togo
Djidjole – Maison Amela
face EPP BATOME
02 BP 20680 Lomé
didieramela11@gmail.com

L'Harmattan Côte d'Ivoire
Résidence Karl – Cité des Arts
Abidjan-Cocody
03 BP 1588 Abidjan
harmattan.ivoire@gmail.com

L'Harmattan Bénin
Rue 604, (Immeuble à l'entrée
de la rue UCAO- Cite de Saint-Jean)
Cotonou
stepcorpus@gmail.com

Nos librairies en France

Librairie internationale
16, rue des Écoles
75005 Paris
librairie.internationale@harmattan.fr
01 40 46 79 11
www.librairieharmattan.com

Librairie des savoirs
21, rue des Écoles
75005 Paris
librairie.sh@harmattan.fr
01 46 34 13 71
www.librairieharmattansh.com

www.ingramcontent.com/pod-product-compliance
Lightning Source LLC
LaVergne TN
LVHW011019061026
849535LV00006B/1957
* 9 7 8 2 3 3 6 5 4 3 1 2 3 *